AF561412

DÉPIT AMOUREUX.

COMEDIE,

Repreſentée ſur le Theatre du Palais Royal.

DE I.B.P. MOLIERE.

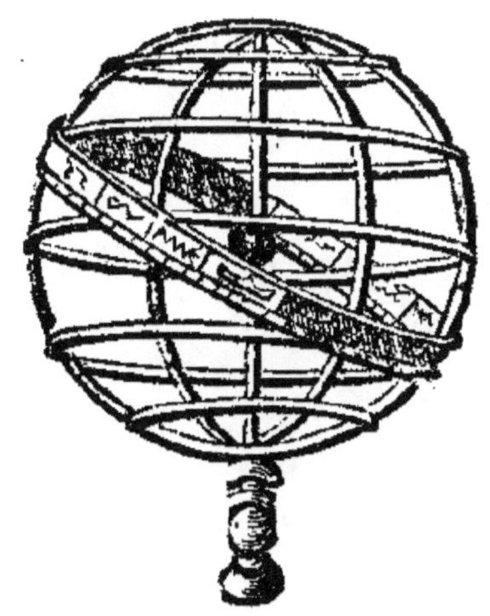

Suivant la Copie imprimée

A PARIS.

M. DC. LXIII.

A MONSIEUR

MONSIEUR

HOURLIER,

Escuyer Sieur de Mericourt, Conseiller du Roy, Lieutenant General Civil & Criminel au Baillage du Palais à Paris.

ONSIEUR,

Si cette Piece n'avoit receu les applaudissemens de toute la France, si elle n'avoit esté le charme de Paris, & si elle n'avoit esté le divertissement du plus grand Monarque de la Terre, je ne prendrois pas la liberté de vous l'offrir. Il y a long-temps que j'avois resolu de vous presenter quelque chose qui vous marquast mes respects; Mais ne trouvant rien qui fut digne de vous estre offert, & qui fut proportionné à vos meri-

merites, j'avois toûjours differé le juste & respectueux hommage que je m'étois proposé de vous rendre; & j'eusse peut-estre encore tardé long-temps à le faire, si le Dépit Amoureux de l'Auteur le plus approuvé de ce siecle ne me fût tombé entre les mains. I'ay crû, Monsieur, que je ne devois pas laisser echapper cette occasion de satisfaire aux loix que je m'estois imposées; & que tous les gens d'esprit demandans tous les jours cette piece, pour avoir le plaisir de la lecture, comme ils ont eu celuy de la representation, ils seroient bien-aises de rencontrer vôtre nom à la teste. Pour moy, Monsieur, ma joye sera tout à fait grande de le voir passer non seulement dans plusieurs mains, mais encore dans la bouche des plus charmantes personnes du monde. C'est alors que chacun se souviendra de toutes les belles & avantageuses qualitez que vous possedez, que les uns loüeront vôtre Prudence, les autres vôtre esprit, les autres vôtre Iustice, les autres la douceur qui est inseparable de tout ce que vous faites, & qui est si vivement depeinte sur

vôtre

vôtre viſage, qu'il n'eſt perſonne qui puiſſe douter que vos actions en ſoient remplies. Iugez, Monſieur, quelle ſatisfaction j'auray de ſçavoir que l'on rendra à vôtre merite ce qui luy eſt deu, que l'on vous donnera des loüanges que vous avez ſi legitimement meritées, que l'on m'eſtimera d'avoir fait un ſi juſte choix, & ſi glorieux pour moy, & que l'on loüera le zele & le reſpect avec lequel je ſuis,

MONSIEUR,

Voſtre tres-humble, &
tres-obeïſſant ſerviteur,
G. QUINET.

LES PERSONNAGES.

ERASTE, Amant de Lucile.
ALBERT, Pere de Lucile.
GROS-RENÉ, Valet d'Erafte.
VALERE, Fils de Polidore.
LUCILE, Fille d'Albert.
MARINETTE, Suivante de Lucile.
POLIDORE, Pere de Valere.
FROSINE, Confidente d'Afcagne.
ASCAGNE, Fille fous l'habit d'homme.
MASCARILLE, Valet de Valere.
METAPHRASTE, Pedant.
LA RAPIERE, Breteur.

DE'PIT AMOUREUX.

COMEDIE.

ACTE I.

SCENE I.

ERASTE, GROS-RENE'.

ERASTE.

Veux-tu que je te die ? une atteinte ſe-
crete
Ne laiſſe point mon ame en une bon-
ne aſſiette :
Ouy, quoy qu'à mon amour tu
puiſſes repartir,
Il craint d'eſtre la dupe, à ne te point mentir :
Qu'en faveur d'un rival ta foy ne ſe corrompe,
Ou du moins, qu'avec moy, toy-meſme on ne te
trompe.

GROS-RENE'.

Pour moy, me ſoupçonner de quelque mauvais tour,
Je diray, n'en déplaiſe à Monſieur vôtre amour,
Que c'eſt injuſtement bleſſer ma preud'hommie,

Et se connoistre mal en phisionomie.
Les gens de mon minois ne sont point accusez
D'estre, graces à Dieu, ny fourbes ny rusez:
Cet honneur qu'on nous fait je ne le démens gueres,
Et suis homme fort rond, de toutes les manieres.
Pour que l'on me trompast, cela se pourroit bien;
Le doute est mieux fondé; pourtant je n'en croy rien.
Je ne voy point encore, ou je suis une beste,
Surquoy vous avez pû prendre martel-en-teste.
Lucile, à mon avis, vous montre assez d'amour,
Elle vous voit, vous parle, à toute heure du jour,
Et Valere apres-tout qui cause vôtre crainte,
Semble n'estre à present souffert que par contrainte.

ERASTE.

Souvent d'un faux espoir un amant est nourry;
Le mieux receu tousjours n'est pas le plus chery;
Et tout ce que d'ardeur font paroistre les femmes,
Parfois n'est qu'un beau voile à couvrir d'autres flames.
Valere enfin, pour estre un amant rebuté,
Montre depuis un temps trop de tranquilité;
Et ce qu'à ces faveurs, dont tu crois l'apparence,
Il tesmoigne de joye ou bien d'indifference,
M'empoisonne à tous coups leurs plus charmans appas,
Me donne ce chagrin que tu ne comprens pas;
Tient mon bonheur en doute, & me rend difficile
Une entiere croyance aux propos de Lucile.
Je voudrois, pour trouver un tel destin plus doux,
Y voir entrer un peu de son transport jaloux,
Et sur ses déplaisirs & son impatience
Mon ame prendroit lors une pleine asseurance.
Toy mesme, pense tu, qu'on puisse, comme il fait,
Voir cherir un rival d'un esprit satisfait?
Et, si tu n'en crois rien, dy moy, je t'en conjure,
Si j'ay lieu de réver dessus cette avanture.

GROS-

GROS-RENÉ.

Peut-estre que son cœur a changé de desirs
Connoissant qu'il poussoit d'inutiles soupirs.

ERASTE.

Lorsque par les rebuts une ame est detachée,
Elle veut fuir l'objet dont elle fut touchée,
Et ne rompt point sa chaisne avec si peu d'eclat,
Qu'elle puisse rester en un paisible état:
De ce qu'on a chery la fatale presence
Ne nous laisse jamais dedans l'indifference;
Et, si de cette veuë on n'acroist son dedain,
Nôtre amour est bien pres de nous rentrer au sein.
Enfin, croy moy, si bien qu'on éteigne une flame,
Un peu de jalousie occupe encore une ame,
Et l'on ne sçauroit voir, sans en estre piqué,
Posseder par un autre un cœur qu'on a manqué.

GROSRENÉ.

Pour moy, je ne sçay point tant de philosophie;
Ce que voyent mes yeux, franchement je m'y fie,
Et ne suis point de moy si mortel ennemy,
Que je m'aille affliger sans sujet ny demy,
Pourquoy subtiliser, & faire le capable
A chercher des raisons pour estre miserable?
Sur des soupçons en l'air je m'irois allarmer?
Laissons venir la feste avant que la chomer.
Le chagrin me paroist une incommode chose;
Je n'en prens point pour moy, sans bonne & juste cause;
Et mesmes à mes yeux cent sujets d'en avoir
S'offrent le plus souvent que je ne veux pas voir.
Avec vous en amour je cours mesme fortune;
Celle que vous aurez me doit estre commune;
La maistresse ne peut abuser vôtre foy,
A moins que la suivante en fasse autant pour moy:
Mais j'en fuis la pensée avec un soin extréme.
Je veux croire les gens quand on me dit, je t'ayme;

Et ne vais point chercher, pour m'estimer heureux,
Si Mascarille, ou non, s'arrache les cheveux.
Que tantost Marinette endure qu'à son ayse
Jodelet par plaisir la caresse & la baise,
Et que ce beau rival en rie ainsi qu'un foû,
A son exemple aussi j'en riray tout mon saoû;
Et l'on verra qui rit avec meilleure grace.

ERASTE.

Voila de tes discours.

GROS-RENE'.

Mais je la voy qui passe.

SCENE II.

MARINETTE, ERASTE, GROS-RENE'.

GROS-RENE'.

ST, Marinette.

MARINETTE.

Ho, ho. Que fais-tu là?

GROS-RENE'.

Ma foy,
Demande, nous étions tout à l'heure sur toy.

MARINETTE.

Vous estes aussi là! Monsieur; depuis une heure
Vous m'avez fait troter comme un Basque, je meure.

ERASTE.

Comment?

MARINETTE.

Pour vous chercher j'ay fait dix mille pas,
Et vous promets, ma foy....

ERASTE.

Quoy?

MARINETTE.

Que vous n'estes pas
Au temple, au cours, chez vous, ny dans la grande place.

GROS-

GROS-RENÉ.

Il falloit en jurer.

ERASTE.

Aprend-moy donc de grace
Qui te fait me chercher.

MARINETTE.

Quelqu'un, en verité,
Qui pour vous n'a pas trop mauvaise volonté.
Ma maistresse en un mot.

ERASTE.

Ha! chere Marinette,
Ton discours de ton cœur est-il bien l'interprete?
Ne me déguise point un mistere fatal,
Je ne t'en voudray pas pour cela plus de mal:
Au nom des Dieux, dy-moy si ta belle maistresse
N'abuse point mes vœux d'une fausse tendresse.

MARINETTE.

Hé, hé, d'où vous vient donc ce plaisant mouvement?
Elle ne fait pas voir assez son sentiment?
Quel garant est-ce encor que vostre amour demande?
Que luy faut-il?

GROS-RENÉ.

A moins que Valere se pende,
Bagatelle; son cœur ne s'asseurera point.

MARINETTE.

Comment?

GROSRENÉ.

Il est jaloux jusques en un tel point.

MARINETTE.

De Valere? Ha! vrayment la pensée est bien belle!
Elle peut seulement naistre en vostre cervelle!
Je vous croyois du sens, & jusqu'à ce moment,
J'avois de vostre esprit quelque bon sentiment:
Mais, à ce que je voy, je m'estois fort trompée.
Ta teste de ce mal est-elle aussi frapée?

GROS-RENE'.

Moy jaloux? Dieu m'en garde, & d'estre assez badin
Pour m'aller emmaigrir avec un tel chagrin;
Outre que de ton cœur ta foy me cautionne,
L'opinion que j'ay de moy-mesme est trop bonne
Pour croire aupres de moy que quelqu'autre te plust,
Où diantre pourrois-tu trouver qui me valust?

MARINETTE.

En effet, tu dis bien, voila comme il faut estre,
Jamais de ces soupçons qu'un jaloux fait paroistre;
Tout le fruit qu'on en cueille est de se mettre mal,
Et d'avancer par là les desseins d'un rival:
Au merite souvent de qui l'éclat vous blesse,
Vos chagrins font ouvrir les yeux d'une maistresse;
Et j'en sçay tel qui doit son destin le plus doux
Aux soins trop inquiets de son rival jaloux.
Enfin, quoy qu'il en soit, témoigner de l'ombrage
C'est joüer en amour un mauvais personnage,
Et se rendre apres-tout miserable à credit:
Cela, Seigneur Eraste, en passant vous soit dit.

ERASTE.

Hé bien, n'en parlons plus, que venois tu m'aprendre?

MARINETTE.

Vous meriteriez bien que l'on vous fit attendre:
Qu'afin de vous punir je vous tinsse caché,
Le grand secret pourquoy je vous ay tant cherché.
Tenez, voyez ce mot, & sortez hors de doute.
Lisez-le donc tout haut; personne icy n'écoute.

ERASTE *lit.*

Vous m'avez dit que vôtre amour
Estoit capable de tout faire,
Il se couronnera luy-mesme dans ce jour,
S'il peut avoir l'aveu d'un pere.
Faites parler les droits qu'on a dessus mon cœur;

Je

Je vous en donne la licence :
Et, si c'est en vôtre faveur,
Je vous répons de mon obeïssance.

Ha! quel bon-heur! ô, toy, qui me l'as apporté
Je te dois regarder comme une Deïté.

GROS-RENÉ.

Je vous le disois bien contre vôtre croyance,
Je ne me trompe guere aux choses que je pense.

ERASTE *lit*.

Faites parler les droits qu'on a dessus mon cœur;
Je vous en donne la licence :
Et, si c'est en vôtre faveur,
Je vous répons de mon obeïssance.

MARINETTE.

Si je luy raportois vos foiblesses d'esprit,
Elle desavoûroit bien-tost un tel écrit.

ERASTE.

Ha, cache luy, de grace, une peur passagere
Où mon ame a creu voir quelque peu de lumiere;
Ou, si tu la luy dis, adjouste que ma mort
Est preste d'expier l'erreur de ce transport;
Que je vais à ses pieds, si j'ay pû luy déplaire,
Sacrifier ma vie à sa juste colere.

MARINETTE.

Ne parlons point de mort, ce n'en est pas le temps.

ERASTE.

Au reste, je te doy beaucoup, & je pretens
Reconnoistre dans peu de la bonne maniere
Les soins d'une si noble & si belle courriere.

MARINETTE.

A propos; sçavés-vous où je vous ay cherché
Tantost encore?

ERASTE.

Hé bien?

MARINETTE.

Tout proche du marché,

Où vous sçavez.

ERASTE.

Où donc?

MARINETTE.

Là, dans cette boutique

Où dés le mois passé vostre cœur magnifique
Me promit, de sa grace, une bague.

ERASTE.

Ha, j'entends.

GROS-RENE'.

La Matoise!

ERASTE.

Il est vray, j'ay tardé trop long-temps
A m'acquiter vers toy d'une telle promesse:
Mais....

MARINETTE.

Ce que j'en ay dit, n'est pas que je vous presse.

GROS-RENE'.

Ho! que non!

ERASTE.

Celle-cy peut-estre aura dequoy
Te plaire. Accepte-la pour celle que je doy.

MARINETTE.

Monsieur, vous vous moqués, j'aurois honte à la prendre.

GROS-RENE'.

Pauvre honteuse, pren, sans davantage attendre.
Refuser ce qu'on donne, est bon à faire aux foux.

MARINETTE.

Ce sera pour garder quelque chose de vous.

ERASTE.

Quand puis-je rendre grace à cet ange adorable?

MARINETTE.

Travaillez à vous rendre un pere favorable.

ERASTE.

ERASTE.

Mais s'il me rebutoit, dois-je...

MARINETTE.

A lors comme à lors,
Pour vous on employra toutes sortes d'efforts,
D'une façon ou d'autre il faut qu'elle soit vostre;
Faites vostre pouvoir, & nous ferons le nostre.

ERASTE.

Adieu, nous en sçaurons le succés dans ce jour.

MARINETTE.

Et nous, que dirons-nous aussi de nostre amour?
Tu ne m'en parles point.

GROS-RENÉ.

Un hymen qu'on souhaite
Entre gens comme nous est chose bien tost faite.
Je te veux. Me veux-tu de mesme?

MARINETTE.

Avec plaisir.

GROS-RENÉ.

Touche; il suffit.

MARINETTE.

Adieu, Gros-René mon desir.

GROS-RENÉ.

Adieu, mon Astre.

MARINETTE.

Adieu, beau tison de ma flame.

GROS-RENÉ.

Adieu, chere comete, arc-en-Ciel de mon ame.
Le bon Dieu soit loüé, nos affaires vont bien;
Albert n'est pas un homme à vous refuser rien.

ERASTE.

Valere vient à nous.

GROS-RENÉ.

Je plains le pauvre hére,
Sçachant ce qui se passe.

SCENE III.

ERASTE, VALERE, GROS-RENE'.

ERASTE.

HE' bien ? Seigneur Valere.

VALERE.

Hé bien ? Seigneur Eraste.

ERASTE.

En quel état l'amour ?

VALERE.

En quel état vos feux ?

ERASTE.

Plus forts de jour en jour.

VALERE.

Et mon amour plus fort.

ERASTE.

Pour Lucile ?

VALERE.

Pour elle.

ERASTE.

Certes, je l'avoûray, vous estes le modelle
D'une rare constance.

VALERE.

Et vôtre fermeté
Doit estre un rare exemple à la posterité.

ERASTE.

Pour moy, je suis peu fait à cet amour austere,
Qui dans les seuls regards treuve à se satisfaire,
Et je ne forme point d'assez beaux sentimens,
Pour souffrir constamment les mauvais traitemens.
Enfin, quand j'ayme bien, j'ayme fort que l'on m'ayme.

VALERE.

Il est tres-naturel, & j'en suis bien de mesme :

Le

Le plus parfait objet dont je ferois charmé
N'auroit pas mes tributs, n'en estant point aymé.

ERASTE.

Lucile cependant.....

VALERE.

Lucile dans son ame
Rend tout ce que je veux qu'elle rende à ma flame.

ERASTE.

Vous estes donc facile à contenter.

VALERE.

Pas tant
Que vous pourriez penser.

ERASTE.

Je puis croire pourtant,
Sans trop de vanité, que je suis en sa grace.

VALERE.

Moy, je sçay que j'y tiens une assez bonne place.

ERASTE.

Ne vous abusez point; croyez moy.

VALERE.

Croyez moy,
Ne laissez point duper vos yeux à trop de Foy.

ERASTE.

Si j'osois vous monstrer une preuve asseurée
Que son cœur.... Non; vostre ame en seroit alterée.

VALERE.

Si je vous osois moy descouvrir en secret....
Mais, je vous fascherois, & veux estre discret.

ERASTE.

Vrayment, vous me poussez; & contre mon envie
Vostre presomption veut que je l'humilie.
Lisez.

VALERE.

Ces mots sont doux.

ERASTE.

Vous connoissez la main?

VALERE.

Oui, de Lucile.

ERASTE.

Hé bien? cet eſpoir ſi certain....

VALERE *riant*.

Adieu, Seigneur Eraſte.

GROS-RENE'.

Il eſt foû le bon ſire:
Où vient-il donc, pour luy de voir le mot pour rire?

ERASTE.

Certes; il me ſurprend, & j'ignore, entre nous,
Quel diable de miſtere eſt caché la deſſous.

GROS-RENE'.

Son valet vient, je penſe.

ERASTE.

Oui, je le voy paroiſtre.
Feignons, pour le jetter ſur l'amour de ſon maiſtre.

SCENE IV.

MASCARILLE, ERASTE, GROS-RENE'.

MASCARILLE.

NOn, je ne trouve point d'eſtat plus mal-heureux,
Que d'avoir un patron jeune & fort amoureux.

GROS-RENE'.

Bon jour.

MASCARILLE.

Bon jour.

GROS-RENE'.

Où tend Maſcarille à cette heure?
Que fait-il? revient-il? va-t-il? ou s'il demeure?

MASCARILLE.

Non, je ne reviens pas; car je n'ay pas eſté:
Je ne vais pas auſſi; car je ſuis arreſté:

Et

Et ne demeure point; car, tout de ce pas mesme,
Je pretens m'en aller.

ERASTE.

La rigueur est extreme!
Doucement, Mascarille.

MASCARILLE.

Ha! Monsieur, Serviteur.

ERASTE.

Vous nous fuyez bien viste? hé quoy! vous fay-je peur?

MASCARILLE.

Je ne croy pas cela de vostre courtoisie.

ERASTE.

Touche: nous n'avons plus sujet de jalousie;
Nous devenons amis, & mes feux que j'éteins
Laissent la place libre à vos heureux desseins.

MASCARILLE.

Pleust à Dieu!

ERASTE.

Gros-René sçait qu'ailleurs je me jette.

GRÓS-RENÉ.

Sans doute: & je te cede aussi la Marinette.

MASCARILLE.

Passons sur ce point là; nostre rivalité
N'est pas pour en venir à grande extremité:
Mais; est-ce un coup bien seur que vostre Seigneurie
Soit des-énamourée, ou si c'est raillerie?

ERASTE.

J'ay sceu qu'en ses amours ton maistre estoit trop bien;
Et je serois un foû de pretendre plus rien
Aux estroites faveurs qu'il a de cette belle.

MASCARILLE.

Certes, vous me plaisez avec cette nouvelle;
Outre qu'en nos projets je vous craignois un peu,
Vous tirez sagement vostre épingle du jeu.

Ouy, vous avez bien fait de quitter une place,
Où l'on vous careſſoit pour la ſeule grimace;
Et mille fois, ſçachant tout ce qui ſe paſſoit,
J'ay plaint le faux eſpoir dont on vous repaiſſoit.
On offence un brave homme alors que l'on l'abuſe.
Mais, d'où, diantre, apres tout, avez-vous ſceu la ruſe?
Car cet engagement mutuel de leur foy
N'eut, pour témoins, la nuit, que deux autres & moy;
Et l'on croit juſqu'icy la chaine fort ſecrette
Qui rend de nos amans la flame ſatisfaite.

ERASTE.

Hé! que dis-tu?

MASCARILLE.

Je dis que je ſuis interdit:
Et ne ſçay pas, Monſieur, qui peut vous avoir dit,
Que, ſous ce faux ſemblant qui trompe tout le monde,
En vous trompant auſſi, leur ardeur ſans ſeconde
D'un ſecret mariage a ſerré le lien.

ERASTE.

Vous en avez menty.

MASCARILLE.

Monſieur, je le veux bien.

ERASTE.

Vous eſtes un coquin.

MASCARILLE.

D'aco.

ERASTE.

Et cette audace
Meriteroit cent coups de baſton ſur la place.

MASCARILLE.

Vous avez tout pouvoir.

ERASTE.

Ha! Gros-René.

GROS-RENÉ.

Monſieur.

ERASTE.

ERASTE.

Je demens un discours dont je n'ay que trop peur.
Tu pense fuir? *à Mascarille.*

MASCARILLE.

Nenny.

ERASTE.

Quoy! Lucile est la femme.....

MASCARILLE.

Non, Monsieur, je raillois.

ERASTE.

Ha! vous raillez! infame.

MASCARILLE.

Non, je ne raillois point.

ERASTE.

Il est donc vray?

MASCARILLE.

Non pas;
Je ne dis pas cela.

ERASTE.

Que dis-tu donc?

MASCARILLE.

Helas!
Je ne dy rien, de peur de mal parler.

ERASTE.

Assure,
Ou si c'est chose vraye, ou si c'est imposture.

MASCARILLE.

C'est ce qu'il vous plaira: je ne suis pas icy
Pour vous rien contester.

ERASTE.

Veux tu dire? voicy,
Sans marchander, de quoy te delier la langue.

MASCARILLE.

Elle ira faire encor quelque sotte harangue.
Hé, de grace, plustost, si vous le trouvez bon,
Donnez-moy vistement quelques coups de baston,

Et me laiſſez tirer mes chauſſes ſans murmure.

ERASTE.

Tu mourras, ou je veux que la verité pure
S'exprime par ta bouche.

MASCARILLE.

Helas ! je la diray :
Mais, peut-eſtre, Monſieur, que je vous faſcheray.

ERASTE.

Parle : mais prend bien garde à ce que tu vas faire ;
A ma juſte fureur rien ne te peut ſouſtraire,
Si tu mens d'un ſeul mot en ce que tu diras.

MASCARILLE.

J'y conſens, rompez moy les jambes & les bras ;
Faites moy pis encore, tuez moy ſi j'impoſe
En tout ce que j'ay dit icy la moindre choſe.

ERASTE.

Ce mariage eſt vray ?

MASCARILLE.

Ma langue, en cet endroit,
A fait un pas de clerc dont elle s'aperçoit :
Mais, enfin, cette affaire eſt comme vous la dites;
Et c'eſt apres cinq jours de nocturnes viſites,
Tandis que vous ſerviez à mieux couvrir leur jeu,
Que depuis avant-hier ils ſont joints de ce nœu ;
Et Lucile depuis fait encor moins paroiſtre
La violente amour qu'elle porte à mon maiſtre,
Et veut abſolument que tout ce qu'il verra,
Et qu'en votre faveur ſon cœur témoignera,
Il l'impute a l'effet d'une haute prudence,
Qui veut de leurs ſecrets oſter la connoiſſance.
Si, malgré mes ſermens, vous doutez de ma foy,
Gros-René peut venir une nuit avec moy ;
Et je luy feray voir eſtant en ſentinelle
Que nous avons dans l'ombre un libre accez chez
elle.

ERASTE.

Oste toy de mes yeux, maraut.

MASCARILLE.

Et de grand cœur;

C'est ce que je demande.

ERASTE.

Hé bien!

GROS-RENÉ.

Hé bien! Monsieur:

Nous en tenons tous deux, si l'autre est veritable.

ERASTE.

Las! il ne l'est que trop, le bourreau detestable.
Je voy trop d'aparence à tout ce qu'il a dit:
Et ce qu'a fait Valere, en voyant cét écrit,
Marque bien leur concert, & que c'est une baye
Qui sert sans doute aux feux dont l'ingrate le paye.

SCENE V.

MARINETTE, GROS-RENÉ, ERASTE.

MARINETTE.

JE viens vous avertir que tantost sur le soir
Ma maistresse au jardin vous permet de la voir.

ERASTE.

Oses-tu me parler, ame double, & traistresse?
Va, sors de ma presence, & dis à ta maistresse,
Qu'avecque ses écrits elle me laisse en paix,
Et que voila l'état, infame, que j'en fais.

MARINETTE.

Gros-René, dy-moy donc, quelle mouche le pique.

GROS-RENÉ.

M'oses-tu bien encor parler? femelle inique?
Crocodile trompeur, de qui le cœur felon
Est pire qu'un Satrape, ou bien qu'un Lestrigon.
Va, va, rendre réponse à ta bonne maistresse,
Et luy dy bien & beau que, malgré sa souplesse,

Nous ne ſommes plus ſots, ny mon maiſtre, ny moy,
Et deſormais qu'elle aille au Diable avecque toy.

MARINETTE.

Ma pauvre Marinette, es tu bien éveillée ?
De quel démon eſt donc leur ame travaillée ?
Quoy faire un tel accueil à nos ſoins obligeans!
O ! que cecy chez nous va ſurprendre les gens !

Fin du Premier Acte.

ACTE II.

SCENE I.

ASCAGNE, FROSINE.

FROSINE.

ASCAGNE, je ſuis fille à ſecret, Dieu mercy.

ASCAGNE.

Mais, pour un tel diſcours, ſommes nous bien icy ?
Prenons garde qu'aucun ne nous vienne ſurprendre,
Ou que de quelque endroit on ne nous puiſſe entendre.

FROSINE.

Nous ſerions au logis beaucoup moins ſeurement :
Icy de tous coſtez on découvre ayſément,
Et nous pouvons parler avec toute aſſeurance.

ASCAGNE.

Helas ! que j'ay de peine à rompre mon ſilence !

FROSINE.

Ouy ! cecy doit donc eſtre un important ſecret.

ASCAGNE.

Trop, puisque je le fie à vous mesme à regret,
Et que si je pouvois le cacher davantage,
Vous ne le sçauriez point.

FROSINE.

Ha! c'est me faire outrage
Feindre à s'ouvrir à moy! dont vous avez connu
Dans tous vos interets l'esprit si retenu.
Moy nourrie avec vous! & qui tiens sous silence
Des choses qui vous sont de si grande importance!
Qui sçais.....

ASCAGNE.

Oui, vous sçavez la secrette raison
Qui cache aux yeux de tous mon sexe & ma maison;
Vous sçavez que dans celle où passa mon bas âge
Je suis, pour y pouvoir retenir l'heritage
Que relaschoit ailleurs le jeune Ascagne mort,
Dont mon déguisement fait revivre le sort,
Et c'est aussi pourquoy ma bouche se dispense
A vous ouvrir mon cœur avec plus d'asseurance.
Mais, avant que passer, Frosine, à ce discours,
Eclaircissez un doute où je tombe tousjours.
Se pourroit-il qu'Albert ne sceut rien du mistere
Qui masque ainsi mon sexe & l'a rendu mon pere?

FROSINE.

En bonne foy, ce point sur quoy vous me pressez,
Est une affaire aussi qui m'embarasse assez:
Le fond de cette intrigue est pour moy lettre close,
Et ma mere ne put m'éclaircir mieux la chose.
Quand il mourut ce fils l'objet de tant d'amour,
Au destin de qui mesme, avant qu'il vinst au jour,
Le testament d'un oncle abondant en richesses
D'un soin particulier avoit fait des largesses,
Et que sa mere fit un secret de sa mort,
De son espoux absent redoutant le transport,
S'il voyoit chez un autre aller tout l'heritage

Dont sa maison tiroit un si grand avantage,
Quand, dis-je, pour cacher un tel évenement,
La supposition fut de son sentiment,
Et qu'on vous prit chez nous où vous estiez nourrie,
Vostre mere d'accord de cette tromperie
Qui remplaçoit ce fils à sa garde commis,
En faveur des presens le secret fut promis.
Albert ne l'a point sceu de nous; & pour sa femme,
L'ayant plus de douze ans conservé dans son ame,
Comme le mal fut prompt dont on la vit mourir,
Son trépas impreveu ne put rien decouvrir.
Mais, cependant, je voy qu'il garde intelligence
Avec celle de qui vous tenez la naissance.
J'ay sceu, qu'en secret mesme, il luy faisoit du bien;
Et peut-estre cela ne se fait pas pour rien.
D'autrepart, il vous veut porter au mariage;
Et comme il le pretend, c'est un mauvais langage:
Je ne sçay s'il sçauroit la supposition
Sans le déguisement; mais la digression
Tout insensiblement pourroit trop loin s'étendre:
Revenons au secret que je brusle d'apprendre.

ASCAGNE.

Sçachez donc que l'amour ne sçait point s'abuser;
Que mon sexe à ses yeux n'a peu se déguiser,
Et que ses traits subtils, sous l'habit que je porte,
Ont sceu trouver le cœur d'une fille peu forte:
J'ayme enfin.

FROSINE.

Vous aymez?

ASCAGNE.

Frosine, doucement;
N'entrez pas tout à fait dedans l'étonnement:
Il n'est pas temps encore: & ce cœur qui soupire
A bien pour vous surprendre autre chose à vous dire.

FROSINE.

Et quoy?

ASCAGNE.

J'ayme Valere.

FROSINE.

Ha ! vous aviez raison,
L'objet de vostre amour, luy dont à la maison
Vostre imposture enleve un puissant heritage,
Et qui de vostre sexe ayant le moindre ombrage,
Verroit incontinant ce bien luy retourner,
C'est encore un plus grand sujet de s'étonner.

ASCAGNE.

J'ay dequoy toutefois surprendre plus vostre ame :
Je suis sa femme.

FROSINE.

O ! Dieux ! sa femme !

ASCAGNE.

Oui, sa femme.

FROSINE.

Ha ! certes celuy-la l'emporte, & vient about
De toute ma raison.

ASCAGNE.

Ce n'est pas encor tout.

FROSINE.

Encore !

ASCAGNE.

Je la suis, dis-je, sans qu'il le pense,
Ny qu'il ait de mon sort la moindre connoissance.

FROSINE.

Ho ! poussez ; je le quitte, & ne raisonne plus,
Tant mes sens coup sur coup se treuvent confondus.
A ces Enigmes là je ne puis rien comprendre.

ASCAGNE.

Je vais vous l'expliquer, si vous voulez m'entendre.
Valere dans les fers de ma sœur arresté
Me sembloit un amant digne d'estre écouté ;
Et je ne pouvois voir qu'on rebutast sa flame,
Sans qu'un peu d'interest touchât pour luy mon ame.

Je voulois que Lucile aymast son entretien,
Je blâmois ses rigueurs, & les blâmay si bien,
Que moy mesme j'entray, sans pouvoir m'en deffendre,
Dans tous les sentimens qu'elle ne pouvoit prendre.
C'estoit en luy parlant moy qu'il persuadoit,
Je me laissois gagner aux soupirs qu'il perdoit,
Et ses veux rejettez de l'objet qui l'enflame
Estoient, comme vainqueurs, receus dedans mon ame.
Ainsi mon cœur, Frosine, un peu trop foible, helas!
Se rendit à des soins qu'on ne luy rendoit pas,
Par un coup reflefchy receut une blessure,
Et paya pour un autre avec beaucoup d'usure.
Enfin, ma chere, enfin, l'amour que j'eus pour luy
Se voulut expliquer, mais sous le nom d'autruy:
Dans ma bouche, une nuit, cet amant trop aymable
Crut rencontrer Lucile à ses vœux favorable,
Et je sceus ménager si bien cét entretien,
Que du déguisement il ne reconnut rien.
Sous ce voile trompeur qui flatoit sa pensée,
Je luy dis que pour luy mon ame estoit blessée;
Mais que, voyant mon pere en d'autres sentimens,
Je devois une feinte à ses commandemens;
Qu'ainsi de nostre amour nous ferions un mistere,
Dont la nuit seulement seroit depositaire,
Et qu'entre nous de jour, de peur de rien gâter,
Tout entretien secret se devoit éviter;
Qu'il me verroit alors la mesme indifference,
Qu'avant que nous eussions aucune intelligence,
Et que de son costé, de mesme que du mien,
Geste, parole, écrit, ne m'en dit jamais rien.
Enfin, sans m'arrester sur toute l'industrie
Dont j'ay conduit le fil de cette tromperie,
J'ay poussé jusqu'au bout un projet si hardy,
Et me suis assuré l'Epoux que je vous dy.

FRO-

FROSINE.

Peste ! les grans talens que vostre esprit possede !
Diroit-on qu'elle y touche, avec sa mine froide ?
Cependant, vous avez esté bien viste icy :
Car je veux que la chose ait d'abord reüssi,
Ne jugez vous pas bien, à regarder l'issuë,
Qu'elle ne peut long-temps éviter d'estre sceuë?

ASCAGNE.

Quand l'amour est bien fort, rien ne peut l'arrester;
Ses projets seulement vont à se contenter,
Et, pourveu qu'il arrive au but qu'il se propose,
Il croit que tout le reste apres est peu de chose.
Mais, enfin, aujourduy je me découvre à vous,
Afin que vos conseils.... Mais voicy cét Epoux.

SCENE II.

VALERE, ASCAGNE, FROSINE.

VALERE.

SI vous estes tous deux en quelque conference,
Où je vous fasse tort de mesler ma presence,
Je me retireray.

ASCAGNE.

Non, non; vous pouvez bien,
Puisque vous le faisiez, rompre nostre entretien.

VALERE.

Moy ?

ASCAGNE.

Vous mesme.

VALERE.

Et comment ?

ASCAGNE.

Je disois que Valere
Auroit, si j'estois fille, un peu trop sceu me plaire;
Et que, si je faisois tous les veux de son cœur,

Je ne tarderois guere à faire son bon-heur.

VALERE.

Ces protestations ne coutent pas grand chose,
Alors qu'à leur effet un pareil si s'oppose:
Mais vous seriez bien pris, si quelque évenement
Alloit mettre à l'épreuve un si doux compliment.

ASCAGNE.

Point du tout; je vous dy que regnant dans vostre ame
Je voudrois de bon cœur couronner vostre flame.

VALERE.

Et si c'estoit quelqu'une, où par vostre secours
Vous pussiez estre utile au bon-heur de mes jours.

ASCAGNE.

Je pourrois assez mal répondre à vostre attente.

VALERE.

Cette confession n'est pas fort obligeante.

ASCAGNE.

Hé! quoy! vous voudriez, Valere, injustement,
Qu'estant fille, & mon cœur vous aymant tendrement,
Je m'allasse engager avec une promesse
De servir vos ardeurs pour quelqu'autre maistresse.
Un si penible effort pour moy m'est interdit.

VALERE.

Mais cela n'estant pas?

ASCAGNE.

Ce que je vous ay dit,
Je l'ay dit comme fille, & vous le devez prendre
Tout de mesme.

VALERE.

Ainsi donc il ne faut rien pretendre,
Ascagne, à des bontez que vous auriez pour nous,
A moins que le Ciel fasse un grand miracle en vous.
Bref, si vous n'estes fille, adieu vostre tendresse;
Il ne vous reste rien qui pour nous s'interesse?

ASCAGNE.

J'ay l'eſprit delicat plus qu'on ne peut penſer,
Et le moindre ſcrupule a dequoy m'offenſer
Quand il s'agit d'aymer ; enfin je ſuis ſincere ;
Je ne m'engage point à vous ſervir, Valere,
Si vous ne m'aſſurez au moins abſolument,
Que vous gardez pour moy le meſme ſentiment ;
Que pareille chaleur d'amitié vous transporte,
Et que, ſi j'eſtois fille, une flame plus forte
N'outrageroit point celle où je vivrois pour vous.

VALERE.

Je n'avois jamais veu ce ſcrupule jaloux ;
Mais tout nouveau qu'il eſt, ce mouvement m'oblige,
Et je vous fais icy tout l'aveu qu'il exige.

ASCAGNE.

Mais ſans fard ?

VALERE.

Oui, ſans fard.

ASCAGNE.

Il eſt vray deſormais ;
Vos interets ſeront les miens, je vous promets.

VALERE.

J'ay bien toſt à vous dire un important miſtere,
Où l'effet de ces mots me ſera neceſſaire.

ASCAGNE.

Et j'ay quelque ſecret de meſme à vous ouvrir,
Où voſtre cœur pour moy ſe pourra découvrir.

VALERE.

Hé ! de quelle façon cela pourroit-il eſtre ?

ASCAGNE.

C'eſt que j'ay de l'amour qui n'oſeroit paroiſtre,
Et vous pourriés avoir ſur l'objet de mes vœux
Un empire à pouvoir rendre mon ſort heureux.

VALERE.

Expliquez vous, Aſcagne, & croyez par avance

Que voſtre heur eſt certain, s'il eſt en ma puiſſance.

ASCAGNE.

Vous promettez icy plus que vous ne croyez.

VALERE.

Non, non; dites l'objet pour qui vous m'employez.

ASCAGNE.

Il n'eſt pas encor temps; mais c'eſt une perſonne
Qui vous touche de prés.

VALERE.

Voſtre diſcours m'étonne;
Pleuſt à Dieu que ma ſœur....

ASCAGNE.

Ce n'eſt pas la ſaiſon.
De m'expliquer, vous diſ-je.

VALERE.

Et pourquoy?

ASCAGNE.

Pour raiſon.
Vous ſçaurez mon ſecret, quand je ſçauray le voſtre.

VALERE.

J'ay beſoin pour cela de l'aveu de quelque autre.

ASCAGNE.

Ayez-le donc; & lors nous expliquant nos vœux,
Nous verrons qui tiendra mieux parole des deux.

VALERE.

Adieu; j'en ſuis content.

ASCAGNE.

Et moy content, Valere.

FROSINE.

Il croit trouver en vous l'aſſiſtance d'un frere.

SCENE III.

FROSINE, ASCAGNE, MARINETTE, LUCILE.

LUCILE.

C'En est fait; c'est ainsi que je me puis vanger:
Et, si cette action a dequoy l'affliger,
C'est toute la douceur que mon cœur s'y propose.
Mon frere, vous voyez une metamorphose.
Je veux cherir Valere apres tant de fierté,
Et mes veux maintenant tournent de son costé.

ASCAGNE.

Que dites-vous? ma sœur; comment! courir au change!
Cette inegalité me semble trop étrange.

LUCILE.

La vostre me surprend avec plus de sujet:
De vos soins autrefois Valere estoit l'objet;
Je vous ay veu pour luy m'accuser de caprice,
D'aveugle cruauté, d'orgueil, & d'injustice,
Et, quand je veux l'aimer mon dessein vous déplaist,
Et je vous voy parler contre son interest.

ASCAGNE.

Je le quitte, ma sœur, pour embrasser le vostre:
Je sçay qu'il est rangé dessous les loix d'un autre,
Et ce seroit un trait honteux à vos appas,
Si vous le r'apeliez & qu'il ne revint pas.

LUCILE.

Si ce n'est que cela, j'auray soin de ma gloire;
Et je sçay pour son cœur tout ce que j'en doy croire:
Il s'explique à mes yeux intelligiblement.
Ainsi, découvrez luy, sans peur, mon sentiment:
Ou, si vous refusez de le faire, ma bouche
Luy va faire sçavoir que son ardeur me touche.

Quoy! mon frere, à ces mots vous restez interdit !

ASCAGNE.

Ha ! ma sœur, si sur vous je puis avoir credit,
Si vous estes sensible aux prieres d'un frere,
Quittez un tel dessein, & n'ostez point Valere
Aux vœux d'un jeune objet dont l'interest m'est cher,
Et qui sur ma parole a droit de vous toucher.
La pauvre infortunée ayme avec violence ;
A moy seul de ses feux elle fait confidence,
Et je voy dans son cœur de tendres mouvemens
A dompter la fierté des plus durs sentimens.
Oui, vous auriez pitié de l'estat de son ame,
Connoissant de quel coup vous menacez sa flame,
Et je ressens si bien la douleur qu'elle aura,
Que je suis assuré, ma sœur, qu'elle en mourra.
Si vous luy derobez l'amant qui peut luy plaire.
Eraste est un party qui doit vous satisfaire ;
Et des feux mutuels.........

LUCILE.

Mon frere, c'est assez :
Je ne sçay point pour qui vous vous interessez ;
Mais de grace, cessons ce discours, je vous prie,
Et me laissez un peu dans quelque réverie.

ASCAGNE.

Allez, cruelle sœur, vous me desesperez,
Si vous effectuez vos desseins declarez.

SCENE IV.

MARINETTE, LUCILE.

MARINETTE.

LA resolution, Madame, est assez prompte.

LUCILE.

Un cœur ne peze rien alors que l'on l'affronte ;
Il court à sa vengeance, & saisit promptement
Tout ce qu'il croit servir à son ressentiment.
Le traistre ! faire voir cette insolence extréme !

MARINETTE.

Vous m'en voyez encor toute hors de moy-mesme ;
Et, quoy que là dessus je rumine sans fin,
L'aventure me passe & j'y pers mon Latin.
Car enfin, aux transports d'une bonne nouvelle,
Jamais cœur ne s'ouvrit d'une façon plus belle :
De l'écrit obligeant le sien tout transporté
Ne me donnoit pas moins que de la deïté ;
Et cependant jamais, à cét autre message,
Fille ne fut traittée avecque tant d'outrage.
Je ne sçay, pour causer de si grands changemens,
Ce qui s'est pû passer entre ces courts momens.

LUCILE.

Rien ne s'est pû passer dont il faille estre en peine,
Puisque rien ne le doit deffendre de ma haine.
Quoy ! tu voudrois chercher hors de sa lâcheté
La secrette raison de cette indignité !
Cét écrit mal-heureux dont mon ame s'accuse
Peut-il à son transport souffrir la moindre excuse?

MARINETTE.

En effet ; je comprends que vous avez raison,
Et que cette querelle est pure trahison.
Nous en tenons, Madame ; & puis prétons l'oreille
Aux bons chiens de pendars qui nous chantent merveille,
Qui pour nous acrocher feignent tant de langueur ;
Laissons à leurs beaux mots fondre nostre rigueur,
Rendons nous à leurs vœux, trop foibles que nous sommes.
Foin de nostre sotise, & peste soit des hommes.

LUCILE.

Hé bien, bien ; qu'il s'en vante, & rie à nos dépens ;
Il n'aura pas sujet d'en triompher long-temps ;
Et je luy feray voir qu'en une ame bien faite
Le mépris suit de pres la faveur qu'on rejette.

MARINETTE.

Au moins, en pareil cas, est-ce un bon-heur bien doux,
Quand on sçait qu'on n'a point d'avantage sur vous.
Marinette eut bon nez, quoy qu'on en puisse dire,
De ne permettre rien un soir qu'on vouloit rire.
Quelque autre, sous espoir de matrimonion,
Auroit ouvert l'oreille à la tentation ;
Mais moy, nescio vos.

LUCILE.

Que tu dis de folies !
Et choisis mal ton temps pour de telles saillies !
Enfin je suis touchée au cœur sensiblement ;
Et, si jamais celuy de ce perfide amant
Par un coup de bon-heur, dont j'aurois tort, je pense,
De vouloir à present concevoir l'esperance,
(Car le Ciel a trop pris plaisir à m'affliger,
Pour me donner celuy de me pouvoir vanger)
Quand, dis-je, par un sort à mes desirs propice,
Il reviendroit m'offrir sa vie en sacrifice,
Detester à mes pieds l'action d'aujourduy,
Je te deffens sur tout de me parler pour luy.
Au contraire, je veux que ton zele s'exprime
A me bien metre aux yeux la grandeur de son crime,
Et mesme, si mon cœur estoit pour luy tenté
De descendre jamais à quelque lâcheté,
Que ton affection me soit alors severe,
Et tienne comme il faut la main à ma colere.

MARINETTE.

Vrayment, n'ayez point peur, & laissez faire à nous ;
J'ay pour le moins autant de colere que vous ;

Et

Et je ſerois pluſtoſt fille toute ma vie,
Que mon gros traitre auſſi me redonnaſt envie.
S'il vient....

SCENE V.

MARINETTE, LUCILE, ALBERT.

ALBERT.

RAentrez, Lucile, & me faites venir.
Le precepteur, je veux un peu l'entretenir,
Et m'informer de luy qui me gouverne Aſcagne,
S'il ſçait point quel ennuy depuis peu l'acompagne.

Il continue ſeul.

En quel gouffre de ſoins & de perplexité
Nous jette une action faite ſans équité?
D'un enfant ſuppoſé par mon trop d'avarice
Mon cœur depuis long-temps ſouffre bien le ſupplice,
Et quand je voy les maux où je me ſuis plongé,
Je voudrois à ce bien n'avoir jamais ſongé.
Tantoſt je crains de voir, par la fourbe éventée,
Ma famille en opprobre & miſere jettée;
Tantoſt, pour ce fils-là, qu'il me faut conſerver,
Je crains cent accidens qui peuvent arriver.
S'il advient que dehors quelque affaire m'appelle,
J'apprehende au retour cette triſte nouvelle,
Las! vous ne ſçavez pas? vous l'a-t-on anoncé?
Voſtre fils a la fievre, ou jambe, ou bras caſſé:
Enfin, à tous momens, ſur quoy que je m'arreſte,
Cent ſortes de chagrins me roulent par la teſte.
Ha!

SCENE VI.

ALBERT, METAPHRASTE.

METAPHRASTE.

MAndatum tuum curo diligenter.

ALBERT.

Maiſtre, j'ay voulu...

METAPHRASTE.

Maiſtre eſt dit à *Magiſter*,
C'eſt comme qui diroit trois fois plus grand.

ALBERT.

Je meure,
Si je ſçavois cela. Mais, ſoit; à la bonne heure.
Maiſtre, donc....

METAPHRASTE.

Pourſuivez.

ALBERT.

Je veux pourſuivre auſſi;
Mais ne pourſuivez point, vous, d'interrompre ainſi.
Donc, encore une fois, Maiſtre, c'eſt la troiſiéme,
Mon fils me rend chagrin; vous ſçavez que je l'ayme,
Et que ſoigneuſement je l'ay tousjours nourry.

METAPHRASTE.

Il eſt vray; *Filio non poteſt præferri*
Niſi filius.

ALBERT.

Maiſtre, en diſcourant enſemble,
Ce jargon n'eſt pas fort neceſſaire, me ſemble;
Je vous croy grand Latin, & grand Docteur juré.
Je m'en raporte à ceux qui m'en ont aſſuré:
Mais, dans un entretien qu'avec vous je deſtine,
N'allez point déployer toute voſtre doctrine,
Faire le pedagogne, & cent mots me cracher,

Com-

Comme si vous estiez en chaire pour prescher.
Mon pere, quoy qu'il eut la teste des meilleures,
Ne m'a jamais rien fait aprendre que mes heures,
Qui, depuis cinquante ans dites journellement
Ne sont encor pour moy que du haut Allemant.
Laissez donc en repos vostre science auguste,
Et que vostre langage à mon foible s'ajuste.

METAPHRASTE.

Soit.

ALBERT.

A mon fils, l'hymen semble luy faire peur,
Et, sur quelque party que je sonde son cœur,
Pour un pareil lien il est froid, & recule.

METAPHRASTE.

Peut-estre a-t-il l'humeur du frere de Marc-Tulle,
Dont avec Atticus le mesme fait sermon,
Et comme aussi les Grecs disent Atanaton.

ALBERT.

Mon Dieu, Maistre éternel? laissez là, je vous prie,
Les Grecs, les Albanois, avec l'Esclavonie
Et tous ces autres gens dont vous venez parler;
Eux & mon fils n'ont rien ensemble à démesler.

METAPHRASTE.

Hé bien, donc? vostre fils?

ALBERT.

Je ne sçay si dans l'ame
Il ne sentiroit point une secrette flame.
Quelque chose le trouble, ou je suis fort déceu,
Et je l'aperceus hier, sans en estre aperceu,
Dans un recoin du bois où nul ne se retire.

METAPHRASTE.

Dans un lieu reculé du bois, voulez-vous dire;
Un endroit écarté, *Latinè secessus*;
Virgile l'a dit, *est in secessu locus*.....

ALBERT.

Comment auroit-il pû l'avoir dit ce Virgile?

Puisque

Puisque je suis certain que dans ce lieu tranquile
Ame du monde enfin n'estoit lors que nous deux.

METAPHRASTE.
Virgile est nommé là comme un auteur fameux
D'un terme plus choisi que le mot que vous dites,
Et non comme tesmoin de ce que hier vous vistes.

ALBERT.
Et moy, je vous dis, moy, que je n'ay pas besoin
De terme plus choisi, d'auteur ny de tesmoin,
Et qu'il suffit icy de mon seul témoignage.

METAPHRASTE.
Il faut choisir pourtant les mots mis en usage
Par les meilleurs auteurs ; *tu, vivendo, bonos,*
Comme on dit, *scribendo, sequare peritos.*

ALBERT.
Homme, ou demon, veux-tu m'entendre sans
conteste ?

METAPHRASTE.
Quintilien en fait le precepte.

ALBERT.
La peste
Soit du causeur !

METAPHRASTE.
Et dit là dessus doctement
Un mot, que vous serez bien aise asseurément
D'entendre.

ALBERT.
Je seray le diable qui t'emporte,
Chien d'homme. O! que je suis tenté d'estrange sorte
De faire sur ce musle une application ?

METAPHRASTE.
Mais, qui cause, Seigneur, vostre inflammation !
Que voulez vous de moy ?

ALBERT.
Je veux que l'on m'écoute,
Vous ay-je dit vingt fois, quand je parle.

ME-

METAPHRASTE.

Ha ! ſans doute,
Vous ſerez ſatisfait, s'il ne tient qu'à cela.
Je me tais.

ALBERT.

Vous ſerez ſagement.

METAPHRASTE.

Me voila
Tout preſt de vous ouïr.

ALBERT.

Tant mieux.

METAPHRASTE.

Que je trepaſſe,
Si je dis plus mot.

ALBERT.

Dieu vous en faſſe la grace.

METAPHRASTE.

Vous n'accuſerez point mon caquet deſormais.

ALBERT.

Ainſi ſoit-il.

METAPHRASTE.

Parlez quand vous voudrez.

ALBERT.

J'y vais.

METAPHRASTE.

Et n'aprehendrez plus l'interruption noſtre.

ALBERT.

C'eſt aſſez dit.

METAPHRASTE.

Je ſuis exact plus qu'aucun autre.

ALBERT.

Je le croy.

METAPHRASTE.

J'ay promis que je ne dirois rien.

ALBERT.

Suffit.

METAPHRASTE.

Dés apresent je ſuis müet.

ALBERT.

Fort bien.

METAPHRASTE.

Parlez: courage; au moins, je vous donne audiance;
Vous ne vous plaindrez pas de mon peu de ſilence,
Je ne deſſerre pas la bouche ſeulement.

ALBERT.

Le traiſtre!

METAPHRASTE.

Mais, de grace, achevez viſtement;
Depuis long-temps j'écoute, il eſt bien raiſonnable
Que je parle à mon tour.

ALBERT.

Donc, bourreau deteſtable.....

METAPHRASTE.

Hé! bon Dieu! voulez-vous que j'écoute à jamais?
Partageons le parler, au moins, ou je m'en vais.

ALBERT.

Ma patience eſt bien....

METAPHRASTE.

Quoy! voulez vous pourſuivre?
Ce n'eſt pas encor fait? *per Jovem*, je ſuis ivre.

ALBERT.

Je n'ay pas dit....

METAPHRASTE.

Encor! bon Dieu! que de diſcours!
Rien n'eſt-il ſuffiſant d'en arreſter le cours!

ALBERT.

J'enrage.

METAPHRASTE.

De rechef? ô! l'eſtrange torture!
Hé! laiſſez moy parler un peu; je vous conjure;
Un ſot qui ne dit mot ne ſe diſtingue pas
D'un ſçavant qui ſe tait.

AL-

ALBERT *s'en allant.*

Parbleu, tu te tairas.

METAPHRASTE.

D'où vient fort à propos cette Sentence expresse
D'un Philosophe, Parle afin qu'on te connoisse.
Doncques, si de parler le pouvoir m'est osté,
Pour moy, j'ayme autant perdre aussi l'humanité,
Et changer mon Essence en celle d'une beste.
Me voila pour huit jours avec un mal de teste.
O! que les grans parleurs sont par moy detestez.
Mais quoy! si les sçavans ne sont point écoutez,
Si l'on veut que tousjours ils ayent bouche close,
Il faut donc renverser l'ordre de chaque chose;
Que les poules dans peu devorent les renards;
Que les jeunes enfans remontrent aux vieillards;
Qu'à pour suivre les loups les agnelets s'ébatent:
Qu'un fou fasse les loix; que les femmes combatent;
Que par les criminels les Juges soient jugez;
Et par les écoliers les maistres fustigez;
Que le malade au sain presente le remede;
Que le liévre craintif..... * misericorde, à l'ayde.

* *Albert luy vient sonner aux oreilles une cloche qui le fait fuir.*

Fin du second Acte.

ACTE III.

SCENE I.

MASCARILLE.

LE Ciel par fois seconde un dessein temeraire,
Et l'on sort comme on peut d'une meschante affaire.
Pour moy, qu'une imprudence a trop fait discourir,
Le remede plus prompt où j'ay sceu recourir,
C'est de pousser ma pointe, & dire en diligence
A nostre vieux patron toute la maniga nce.
Son fils qui m'embarasse est un évaporé:
L'autre, diable, disant ce que j'ay declaré,
Gâre une irruption sur nostre friperie:
Au moins, avant qu'on puisse eschaufer sa furie,
Quelque chose de bon nous pourra succeder,
Et les vieillards entre eux se pourront accorder.
C'est ce qu'on va tenter; & de la part du nostre,
Sans perdre un seul moment, je m'en vay trouver l'autre.

SCENE II.

MASCARILLE, ALBERT.

ALBERT.

QUi frape?

MASCARILLE.

Amis.

ALBERT.

Ho ! ho ! qui te peut amener ?
Mascarille.

MASCARILLE.

Je viens, Monsieur, pour vous donner
Le bon jour.

ALBERT.

Ha ! vrayment, tu prends beaucoup de peine !
De tout mon cœur, bon jour.

MASCARILLE.

La replique est soudaine.
Quel homme brusque !

ALBERT.

Encor ?

MASCARILLE.

Vous n'avez pas oui,
Monsieur.

ALBERT.

Ne m'as-tu pas donné le bon-jour ?

MASCARILLE.

Oui.

ALBERT.

Hé bien, bon jour, te dy-je.

MASCARILLE.

Oui ; mais je viens encore
Vous saluer au nom du Seigneur Polidore.

ALBERT.

Ha ! c'est un autre fait. Ton maistre t'a chargé
De me saluer ?

MASCARILLE.

Oui.

ALBERT.

Je luy suis obligé ;
Va, que je luy souhaite une joye infinie.

MASCARILLE.

Cet homme est ennemy de la ceremonie.

Je n'ay pas achevé, Monsieur, son compliment:
Il voudroit vous prier d'une chose instamment.

ALBERT.

Hé bien! quand il voudra je suis à son service.

MASCARILLE.

Attendez, & souffrez qu'en deux mots je finisse.
Il souhaite un moment pour vous entretenir
D'une affaire importante, & doit icy venir.

ALBERT.

Hé? quelle est-elle encor l'affaire qui l'oblige
A me vouloir parler?

MASCARILLE.

Un grand secret, vous dy-je,
Qu'il vient de découvrir en ce mesme moment,
Et qui, sans doute, importe à tous deux grandement.
Voila mon Ambassade.

SCENE III.

ALBERT.

O! Juste Ciel, je tremble!
Car enfin nous avons peu de commerce ensemble.
Quelque tempeste va renverser mes desseins,
Et ce secret sans doute est celuy que je crains.
L'espoir de l'interest m'a fait quelque infidele,
Et voila sur ma vie une tache éternelle;
Ma fourbe est découverte. ô! que la verité
Se peut cacher long-temps avec difficulté!
Et qu'il eust mieux valu, pour moy, pour mon estime,
Suivre les mouvemens d'une peur legitime,
Par qui je me suis veu tenté plus de vingt fois,
De rendre à Polidore un bien que je luy dois,
De prevenir l'éclat où ce coup-cy m'expose,
Et faire qu'en douceur passast toute la chose.
Mais, helas! c'en est fait, il n'est plus de saison,

Et ce bien par la fraude entré dans ma maison
N'en sera point tiré, que dans cette sortie
Il n'entraisne du mien la meilleure partie.

SCENE IV.

ALBERT, POLIDORE.

POLIDORE.
S'Estre ainsi marié sans qu'on en ait sceu rien !
Puisse cette action se terminer à bien :
Je ne sçay qu'en attendre, & je crains fort du pere
Et la grande richesse, & la juste colere.
Mais je l'apperçoy seul.

ALBERT.
Dieu, Polidore vient !

POLIDORE.
Je tremble à l'aborder.

ALBERT.
La crainte me retient.

POLIDORE.
Par où luy débuter !

ALBERT.
Quel sera mon langage ?

POLIDORE.
Son ame est toute emeuë.

ALBERT.
Il change de visage.

POLIDORE.
Je voy, Seigneur Albert, au trouble de vos yeux
Que vous sçavez desja qui m'ameine en ces lieux.

ALBERT.
Helas ! oui.

POLIDORE.
La nouvelle a droit de vous surprendre,
Et je n'eusse pas cru ce que je viens d'apprendre.

AL-

ALBERT.

J'en doy rougir de honte, & de confusion.

POLIDORE.

Je treuve condamnable une telle action,
Et je ne pretens point excuser le coupable.

ALBERT.

Dieu fait misericorde au pecheur miserable.

POLIDORE.

C'est ce qui doit par vous estre consideré.

ALBERT.

Il faut estre Chrestien.

POLIDORE.

Il est tres-assuré.

ALBERT.

Grace, au nom de Dieu, grace, ô Seigneur Polidore.

POLIDORE.

Eh! c'est moy qui de vous presentement l'implore.

ALBERT.

Afin de l'obtenir je me jette à genoux.

POLIDORE.

Je dois en cét état estre plustost que vous.

ALBERT.

Prenez quelque pitié de ma triste avanture.

POLIDORE.

Je suis le suppliant dans une telle injure.

ALBERT.

Vous me fendez le cœur avec cette bonté.

POLIDORE.

Vous me rendez confus de tant d'humilité.

ALBERT.

Pardon, encore un coup.

POLIDORE.

Helas! pardon, vous mesme.

ALBERT.

J'ay de cette action une douleur extréme.

POLIDORE.

Et moy, j'en ſuis touché de meſme au dernier point.

ALBERT.

J'oſe vous convier qu'elle n'éclate point.

POLIDORE.

Helas, Seigneur Albert, je ne veux autre choſe.

ALBERT.

Conſervons mon honneur.

POLIDORE.

Hé ! oui, je m'y diſpoſe.

ALBERT.

Quant au bien qu'il faudra, vous meſme en reſoudrez.

POLIDORE.

Je ne veux de vos biens que ce que vous voudrez :
De tous ces intereſts je vous feray le maiſtre,
Et je ſuis trop content ſi vous le pouvez eſtre.

ALBERT.

Ha ! quel homme de Dieu ! quel excez de douceur!

POLIDORE.

Quelle douceur, vous-meſme, apres un tel mal-heur!

ALBERT.

Que puiſſiez vous avoir toutes choſes proſperes.

POLIDORE.

Le bon Dieu vous maintienne.

ALBERT.

Embraſſons nous en freres.

POLIDORE.

J'y conſens de grand cœur, & me réjoüis fort
Que tout ſoit terminé par un heureux accord.

ALBERT.

J'en rends graces au Ciel.

POLIDORE.

Il ne vous faut rien feindre,
Voſtre reſſentiment me donnoit lieu de craindre ;
Et Lucile tombée en faute avec mon fils,

Comme on vous voit puissant & de biens, & d'amis...

ALBERT.

Heu? que parlez vous là de faute, & de Lucile?

POLIDORE.

Soit; ne commençons point un discours inutile:
Je veux bien que mon fils y trempe grandement,
Mesme, si cela fait à vostre allegement,
J'avoûray qu'à luy seul en est toute la faute;
Que vostre fille avoit une vertu trop haute,
Pour avoir jamais fait ce pas contre l'honneur,
Sans l'incitation d'un méchant suborneur;
Que le traistre a seduit sa pudeur innocente,
Et de vostre conduite ainsi destruit l'attente;
Puisque la chose est faite, & que selon mes veux,
Un esprit de douceur nous met d'accord tous deux,
Ne ramentevons rien, & reparons l'offence
Par la solemnité d'une heureuse aliance.

ALBERT.

O! Dieu, quelle méprise! & qu'est-ce qu'il m'aprend?
Je rentre icy d'un trouble en un autre aussi grand:
Dans ces divers transports je ne sçay que répondre,
Et, si je dis un mot, j'ay peur de me confondre.

POLIDORE.

A quoy pensez-vous là, Seigneur Albert?

ALBERT.

A rien:
Remettons, je vous prie, à tantost l'entretien:
Un mal subit me prend qui veut que je vous laisse.

SCENE V.

POLIDORE.

Je lis dedans son ame, & voy ce qui le presse.
A quoy que sa raison l'eust desja disposé,
Son déplaisir n'est pas encor tout apaisé.
L'image de l'affront luy revient, & sa fuite

Tasche

Tasche à me déguiser le trouble qui l'agite.
Je prens part à sa honte, & son deuil m'attendrit.
Il faut qu'un peu de temps remette son esprit :
La douleur trop contrainte aysément se redouble.
Voicy mon jeune foû d'où nous vient tout ce trouble.

SCENE VI.

POLIDORE, VALERE.

POLIDORE.

Enfin, le beau mignon, vos bons déportemens
Troubleront les vieux jours d'un pere à tous momens :
Tous les jours vous ferez de nouvelles merveilles ;
Et nous n'aurons jamais autre chose aux oreilles.

VALERE.

Que fais-je tous les jours qui soit si criminel ?
En quoy meriter tant le courroux paternel?

POLIDORE.

Je suis un estrange homme, & d'une humeur terrible,
D'accuser un enfant si sage & si paisible.
Las! il vit comme un saint, & dedans la maison
Du matin jusqu'au soir il est en oraison.
Dire qu'il pervertit l'ordre de la nature,
Et fait du jour la nuit, ô! la grande imposture !
Qu'il n'a consideré pere, ny parenté
En vingt occasions, horrible fausseté !
Que, de fraiche memoire, un furtif hymenée
A la fille d'Albert a joint sa destinée,
Sans craindre de la suite un desordre puissant,
On le prend pour un autre, & le pauvre innocent
Ne sçait pas seulement ce que je luy veux dire !
Ha! chien, que j'ay receu du ciel pour mon martire,
Te croiras tu tousjours? & ne pourray-je pas,

Te voir estre une fois sage avant mon trepas.

VALERE *seul.*

D'où peut venir ce coup? mon ame embarassée
Ne voit que Mascarille où jetter sa pensée:
Il ne sera pas homme à m'en faire un aveu;
Il faut user d'adresse, & me contraindre un peu
Dans ce juste courroux.

SCENE VII.

MASCARILLE, VALERE.

VALERE.

Mascarille, mon pere
Que je viens de trouver sçait toute nostre affaire.

MASCARILLE.

Il la sçait?

VALERE.

Oui.

MASCARILLE.

D'où, diantre, a-t-il pû la sçavoir?

VALERE.

Je ne sçay point sur qui ma conjecture asseoir;
Mais enfin d'un succez cette affaire est suivie
Dont j'ay tous les sujets d'avoir l'ame ravie.
Il ne m'en a pas dit un mot qui fust fascheux;
Il excuse ma faute, il approuve mes feux,
Et je voudrois sçavoir qui peut estre capable
D'avoir pû rendre ainsi son esprit si traitable.
Je ne puis t'exprimer l'aise que j'en reçoy.

MASCARILLE.

Et que me diriez-vous, Monsieur, si c'estoit moy,
Qui vous eust procuré cette heureuse fortune?

VALERE.

Bon, bon, tu voudrois bien icy m'en donner d'une.

MASCARILLE.

C'est moy, vous dy-je, moy, dont le patron le sçait,
Et qui vous ay produit ce favorable effet.

VALERE.

Mais, là, sans te railler?

MASCARILLE.

Que le diable m'emporte,
Si je fais raillerie, & s'il n'est de la sorte.

VALERE.

Et qu'il m'entraine, moy, si tout presentement
Tu n'en vas recevoir le juste payement.

MASCARILLE.

Ha! Monsieur, qu'est-ce cy? je deffends la surprise.

VALERE.

C'est la fidelité que tu m'avois promise?
Sans ma feinte jamais tu n'eusses avoüé
Le trait que j'ay bien creu que tu m'avois joüé.
Traistre, de qui la langue à causer trop habile
D'un pere contre moy vient d'eschauffer la bile,
Qui me pers tout à fait, il faut sans discourir
Que tu meures.

MASCARILLE.

Tout beau; mon ame, pour mourir,
N'est pas en bon état. Daignez, je vous conjure,
Attendre le succez qu'aura cette avanture.
J'ay de fortes raisons qui m'ont fait reveler
Un hymen que vous mesme aviez peine à celer;
C'estoit un coup d'état, & vous verrez l'issuë
Condamner la fureur que vous avez conceuë.
Dequoy vous faschez-vous? pourveu que vos souhaits
Se trouvent par mes soins pleinement satisfaits,
Et voyënt mettre à fin la contrainte où vous estes?

VALERE.

Et si tous ces discours ne sont que des fornetes?

MASCARILLE.

Tousjours serez-vous lors à temps pour me tuer.

Mais enfin mes projets pourront s'effectuer.
Dieu fera pour les siens, & contant dans la suite
Vous me remercirez de ma rare conduite.

VALERE.

Nous verrons. Mais, Lucile....

MASCARILLE.

Alte; son pere sort.

SCENE VIII.

VALERE, ALBERT, MASCARILLE.

ALBERT.

Plus je reviens du trouble où j'ay donné d'abord,
Plus je me sens piqué de ce discours estrange,
Sur qui ma peur prenoit un si dangereux change?
Car Lucile soutient que c'est une chanson,
Et m'a parlé d'un air à m'oster tout soupçon.
Ha! Monsieur, est-ce vous, de qui l'audace insigne
Met en jeu mon honneur, & fait ce conte indigne?

MASCARILLE.

Seigneur Albert, prenez un ton un peu plus doux,
Et contre vostre gendre ayez moins de courroux.

ALBERT.

Comment gendre, coquin? tu portes bien la mine
De pousser les ressorts d'une telle machine,
Et d'en avoir esté le premier inventeur.

MASCARILLE.

Je ne vois icy rien à vous mettre en fureur.

ALBERT.

Trouve tu beau, dy-moy, de diffamer ma fille?
Et faire un tel scandale à toute une famille?

MASCARILLE.

Le voila prest de faire en tout vos volontez.

ALBERT.

Que voudrois je, sinon qu'il dît des veritez?

Si quelque intention le preſſoit pour Lucile,
La recherche en pouvoit eſtre honneſte & civile,
Il falloit l'attaquer du coſté du devoir,
Il falloit de ſon pere implorer le pouvoir,
Et non pas recourir à cette laſche feinte,
Qui porte à la pudeur une ſenſible atteinte.

MASCARILLE.

Quoy! Lucile, n'eſt pas ſous des liens ſecrets
A mon maiſtre!

ALBERT.

Non, traiſtre, & n'y ſera jamais.

MASCARILLE.

Tout doux: &, s'il eſt vray que ce ſoit choſe faite,
Voulez-vous l'aprouver cette chaiſne ſecrette?

ALBERT.

Et, s'il eſt conſtant, toy, que cela ne ſoit pas,
Veux-tu te voir caſſer les jambes & les bras?

VALERE.

Monſieur, il eſt aiſé de vous faire paroiſtre
Qu'il dit vray.

ALBERT.

Bon, voila l'autre encor digne maiſtre
D'un ſemblable valet. O! les menteurs hardis!

MASCARILLE.

D'homme d'honneur, il eſt ainſi que je le dis.

VALERE.

Quel ſeroit noſtre but de vous en faire acroire?

ALBERT.

Ils s'entendent tous deux comme larrons en foire.

MASCARILLE.

Mais venons à la preuve, & ſans nous quereller:
Faites ſortir Lucile & la laiſſez parler.

ALBERT.

Et ſi le dementy par elle vous en reſte?

MASCARILLE.

Elle n'en fera rien, Monſieur, je vous proteſte.

Promettez à leurs veux vostre consentement,
Et je veux m'exposer au plus dur chastiment,
Si de sa propre bouche elle ne vous confesse,
Et la foy qui l'engage, & l'ardeur qui la presse.

ALBERT.

Il faut voir cette affaire.

MASCARILLE.

Allez; tout ira bien.

ALBERT.

Hola, Lucile un mot.

VALERE.

Je crains....

MASCARILLE.

Ne craignez rien.

SCENE IX.

VALERE, ALBERT, MASCARILLE, LUCILE.

MASCARILLE.

SEigneur Albert, au moins, silence. Enfin, Madame,
Toute chose conspire au bon-heur de vostre ame,
Et Monsieur vostre pere averty de vos feux
Vous laisse vostre Epoux, & confirme vos veux;
Pourveu que bannissant toutes craintes frivoles,
Deux mots de vostre aveu confirment nos paroles.

LUCILE.

Que me vient donc conter ce coquin assuré?

MASCARILLE.

Bon, me voila déja d'un beau titre honoré.

LUCILE.

Sçachons un peu, Monsieur, quelle belle saillie
Fait ce conte galand qu'aujourd'uy l'on publie.

VALERE.

Pardon, charmant objet, un valet a parlé,

Et

Et j'ay veu malgré moy nostre hymen revelé.

LUCILE.

Nostre hymen?

VALERE.

On sçait tout, adorable Lucile,
Et vouloir déguiser est un soin inutile.

LUCILE.

Quoy! l'ardeur de mes feux vous a fait mon Epoux?

VALERE.

C'est un bien qui me doit faire mille jaloux;
Mais j'impute bien moins ce bon-heur de ma flame
A l'ardeur de vos feux, qu'aux bontez de vostre ame.
Je sçay que vous avez sujet de vous facher;
Que c'estoit un secret que vous vouliez cacher,
Et j'ay de mes transports forcé la violence,
A ne point violer vostre expresse deffence:
Mais.......

MASCARILLE.

Et bien, oui, c'est moy; le grand mal que voila!

LUCILE.

Est-il une imposture égale à celle-là?
Vous l'osez soutenir en ma presence mesme,
Et pensez m'obtenir par ce beau stratageme.
O! le plaisant amant! dont la galante ardeur
Veut blesser mon honneur au défaut de mon cœur,
Et que mon pere émû de l'éclat d'un sot conte,
Paye avec mon hymen qui me couvre de honte.
Quand tout contribûroit à vostre passion,
Mon pere, les destins, mon inclination,
On me verroit combattre en ma juste colere
Mon inclination, les destins, & mon pere;
Perdre mesme le jour avant que de m'unir
A qui par ce moyen auroit creu m'obtenir.
Allez; & si mon sexe, avecque bienseance,
Se pouvoit emporter à quelque violence,
Je vous apprendrois bien à me traiter ainsi.

VALERE.

C'en est fait, son couroux ne peut-estre adoucy.

MASCARILLE.

Laissez-moy luy parler. Eh! Madame, de grace,
A quoy bon maintenant toute cette grimace?
Quelle est vostre pensée? & quel bouru transport
Contre vos propres veux vous fait roidir si fort?
Si Monsieur vostre pere estoit homme farouche,
Passe: mais il permet que la raison le touche,
Et luy mesme m'a dit qu'une confession
Vous va tout obtenir de son affection.
Vous sentez, je croy bien, quelque petite honte
A faire un libre aveu de l'amour qui vous dompte:
Mais s'il vous a fait perdre un peu de liberté,
Par un bon mariage on voit tout rajusté;
Et, quoy que l'on reproche au feu qui vous consomme,
Le mal n'est pas si grand que de tuer un homme.
On sçait que la chair est fragile quelque-fois,
Et qu'une fille enfin n'est ny caillou ny bois.
Vous n'avez pas esté sans doute la premiere,
Et vous ne serez pas, que je croy, la derniere.

LUCILE.

Quoy! vous pouvez ouïr ces discours effrontez!
Et vous ne dites mot à ces indignitez!

ALBERT.

Que veux-tu que je die? une telle avanture
Me met tout hors de moy.

MASCARILLE.

Madame, je vous jure,
Que desja vous devriez avoir tout confessé.

LUCILE.

Et quoy donc confesser?

MASCARILLE.

Quoy? ce qui s'est passé
Entre mon maistre & vous; la belle raillerie!

LUCILE.

Et que s'est-il passé, monstre d'effronterie,
Entre ton maistre & moy ?

MASCARILLE.

Vous devez, que je croy,
En sçavoir un peu plus de nouvelles que moy,
Et pour vous cette nuit fut trop douce, pour croire
Que vous puissiez si viste en perdre la memoire.

LUCILE.

C'est trop souffrir, mon pere, un impudent valet.

SCENE X.

VALERE, MASCARILLE, ALBERT.

MASCARILLE.

JE croy qu'elle me vient de donner un soufflet.

ALBERT.

Va, coquin, scelerat, sa main vient sur ta jouë
De faire une action dont son pere la louë.

MASCARILLE.

Et, non-obstant cela, qu'un diable en cét instant
M'emporte, si j'ay dit rien que de tres-constant.

ALBERT.

Et non-obstant cela qu'on me coupe une oreille,
Si tu portes fort loin une audace pareille.

MASCARILLE.

Voulez-vous deux temoins qui me justifiront ?

ALBERT.

Veux-tu deux de mes gens qui te bastonneront.

MASCARILLE.

Leur rapport doit au mien donner toute creance.

ALBERT.

Leurs bras peuvent du mien reparer l'impuissance.

MASCARILLE.

Je vous dis que Lucile agit par honte ainsi.

ALBERT.

Je te dis que j'auray raison de tout cecy.

MASCARILLE.

Connoissez-vous Ormin ce gros Notaire habile ?

ALBERT.

Connois-tu bien Grimpant le bourreau de la ville ?

MASCARILLE.

Et Simon le Tailleur jadis si recherché ?

ALBERT.

Et la potence mise au milieu du marché.

MASCARILLE.

Vous verrez confirmer par eux cet hymenée.

ALBERT.

Tu verras achever par eux ta destinée.

MASCARILLE.

Ce sont eux qu'ils ont pris pour témoins de leur foy,

ALBERT.

Ce sont eux qui dans peu me vangeront de toy,

MASCARILLE.

Et ces yeux les ont veu s'entredonner parole.

ALBERT.

Et ces yeux te verront faire la capriole.

MASCARILLE.

Et, pour signe, Lucile avoit un voile noir.

ALBERT.

Et, pour signe, ton front nous le fait assez voir.

MASCARILLE.

O ! l'obstiné vieillard !

ALBERT.

O ! le fourbe damnable !

Va, rend grace à mes ans qui me font incapable
De punir sur le champ l'affront que tu me fais ;
Tu n'en pers que l'attente, & je te le promets.

SCENE XI.

VALERE, MASCARILLE.

VALERE.

HE' bien ! ce beau ſuccez que tu devois produire.....

MASCARILLE.

J'entens à demy mot ce que vous voulez dire ;
Tout s'arme contre moy, pour moy de tous coſtez
Je voy coups de baſton, & gibets appreſtez :
Auſſi, pour eſtre en paix dans ce deſordre extreme,
Je me vais d'un rocher precipiter moy-meſme,
Si, dans le deſeſpoir dont mon cœur eſt outré,
Je puis en rencontrer d'aſſez haut à mon gré.
Adieu, Monſieur.

VALERE.

Non, non; ta fuite eſt ſuperfluë :
Si tu meurs, je pretends que ce ſoit à ma veuë.

MASCARILLE.

Je ne ſçaurois mourir quand je ſuis regardé,
Et mon treſpas ainſi ſe verroit retardé.

VALERE.

Suy-moy, traitre, ſuy-moy; mon amour en furie
Te fera voir ſi c'eſt matiere à raillerie.

MASCARILLE.

Mal-heureux Maſcarille! à quels maux aujourduy
Te vois-tu condamné pour le peché d'autruy !

Fin du troiſiéme Acte.

ACTE IV.

SCENE I.

ASCAGNE, FROSINE.

FROSINE.

L'Avanture est fascheuse.

ASCAGNE.

Ah! ma chere Frosine,
Le sort absolument a conclu ma ruïne:
Cette affaire venuë au point où la voila
N'est pas asseurément pour en demeurer là;
Il faut qu'elle passe outre; & Lucile, & Valere,
Surpris des nouveautez d'un semblable mistere
Voudront chercher un jour dans ces obscuritez,
Par qui tous mes projets se verront avortez.
Car, enfin, soit qu'Albert ait part au stratageme,
Ou qu'avec tout le monde on l'ait trompé luy-mesme;
S'il arrive une fois que mon sort éclaircy
Mette ailleurs tout le bien dont le sien a grossi,
Jugez s'il aura lieu de souffrir ma presence:
Son interest détruit me laisse à ma naissance;
C'est fait de sa tendresse, &, quelque sentiment
Où pour ma fourbe alors put estre mon amant,
Voudra-t-il avoüer pour espouse une fille
Qu'il verra sans apuy de biens & de famille?

FROSINE.

Je trouve que c'est là raisonné comme il faut:
Mais ces reflexions devoient venir plustost.
Qui vous a jusqu'icy caché cette lumiere?
Il ne falloit pas estre une grande sorciere,
Pour voir, dés le moment de vos desseins pour luy,

Tout

Tout ce que voſtre eſprit ne voit que d'aujourduy.
L'action le diſoit ; & dés que je l'ay ſceuë,
Je n'en ay preveu guere une meilleure iſſuë.

ASCAGNE.

Que doiſ-je faire enfin ? mon trouble eſt ſans pareil:
Mettez-vous en ma place, & me donnez conſeil.

FROSINE.

Ce doit-eſtre à vous meſme, en prenant voſtre place,
A me donner conſeil deſſus cette diſgrace :
ça, je ſuis maintenant vous, & vous eſtes moy ;
Conſeillez-moy, Froſine, au point où je me voy.
Quel remede treuver ? dites, je vous en prie.

ASCAGNE.

Helas ! ne traitez point cecy de raillerie ;
C'eſt prendre peu de part à mes cuiſans ennuis,
Que de rire, & de voir les termes où j'en ſuis.

FROSINE.

Non vrayment, tout de bon ; voſtre ennuy m'eſt ſenſible,
Et pour vous en tirer je ferois mon poſſible.
Mais, que puiſ-je apres tout ; je voy fort peu de jour
A tourner cette affaire au gré de voſtre amour.

ASCAGNE.

Si rien ne peut m'aider, il faut donc que je meure.

FROSINE.

Ha! pour cela tousjours il eſt aſſez bonne heure ;
La mort eſt un remede à trouver quand on veut,
Et l'on s'en doit ſervir le plus tard que l'on peut.

ASCAGNE.

Non, non, Froſine, non; ſi vos conſeils propices
Ne conduiſent mon ſort parmy ces precipices,
Je m'abandonne toute aux traits du deſeſpoir.

FROSINE.

Sçavez-vous ma penſée? il faut que j'aille voir
La..... mais Eraſte vient qui pourroit nous diſtraire,

Nous

Nous pourrons en marchant parler de cette affaire ;
Allons, retirons-nous.

SCENE II.

ERASTE, GROS-RENE'.

ERASTE.

ENcore rebuté ?

GROS-RENE'.

Jamais Ambassadeur ne fut moins écouté :
A peine ay-je voulu luy porter la nouvelle
Du moment d'entretien que vous souhaitiez d'elle,
Qu'elle m'a repondu tenant son quant-à-moy,
Va, va, je fais état de luy, comme de toy :
Dy-luy qu'il se promene; & sur ce beau langage,
Pour suivre son chemin m'a tourné le visage :
Et Marinette aussi, d'un dédaigneux museau,
Laschant un, laisse-nous, beau valet de carreau,
M'a planté là comme elle, & mon sort & le vostre
N'ont rien à se pouvoir reprocher l'un à l'autre.

ERASTE.

L'ingrate! recevoir avec tant de fierté
Le prompt retour d'un cœur justement emporté !
Quoy! le premier transport d'un amour qu'on abuse
Sous tant de vray-semblance est indigne d'excuse ?
Et ma plus vive ardeur en ce moment fatal
Devoit estre insensible au bon-heur d'un rival ?
Tout autre n'eust pas fait mesme chose en ma place ?
Et se fut moins laissé surprendre à tant d'audace ?
De mes justes soupçons suis-je sorty trop tard ?
Je n'ay point attendu de sermens de sa part ;
Et, lors que tout le monde encor ne sçait qu'en croire,
Ce cœur Impatient luy rend toute sa gloire,

Il

Il cherche à s'excuser, & le sien voit si peu
Dans ce profond respect la grandeur de mon feu ?
Loin d'assurer une ame, & luy fournir des armes;
Contre ce qu'un rival luy veut donner d'alarmes,
L'ingrate m'abandonne à mon jaloux transport,
Et rejette de moy, message, écrit, abord ?
Ha ! sans doute, un amour a peu de violence,
Qu'est capable d'eteindre une si foible offence,
Et ce dépit si prompt à s'armer de rigueur
Descouvre assez pour moy tout le fond de son cœur,
Et de quel prix doit estre à present à mon ame
Tout ce dont son caprice a pû flater ma flame.
Non je ne pretens plus demeurer engagé
Pour un cœur, où je voy le peu de part que j'ay;
Et, puisque l'on témoigne une froideur extréme
A conserver les gens, je veux faire de mesme.

GROS-RENÉ.

Et moy de mesme aussi : soyons tous deux faschez,
Et mettons nostre amour au rang des vieux pechez :
Il faut apprendre à vivre à ce sexe volage,
Et luy faire sentir que l'on a du courage.
Qui souffre ses mespris les veut bien recevoir,
Si nous avions l'esprit de nous faire valoir,
Les femmes n'auroient pas la parole si haute.
O ! qu'elles nous sont bien fieres par nostre faute !
Je veux estre pendu, si nous ne les verrions
Sauter à nostre coû plus que nous ne voudrions,
Sans tous ces vils devoirs, dont la pluspart des hommes
Les gatent tous les jours dans le siecle où nous sommes.

ERASTE.

Pour moy, sur toute chose, un mépris me surprend;
Et, pour punir le sien par un autre aussi grand,
Je veux mettre en mon cœur une nouvelle flame.

GROS-RENÉ.

Et moy, je ne veux plus m'embarasser de femme;
A toutes je renonce, & crois, en bonne foy,
Que vous feriez fort bien de faire comme moy.
Car, voyez-vous? la femme est, comme on dit, mon maistre,
Un certain animal difficile à connoistre,
Et de qui la nature est fort encline au mal:
Et comme un animal est tousjours animal,
Et ne sera jamais qu'animal, quand sa vie
Dureroit cent mil ans; aussi, sans repartie,
La femme est tousjours femme, & jamais ne sera
Que femme, tant qu'entier le monde durera.
D'où vient qu'un certain Grec dit, que sa teste passe
Pour un sable mouvant: car, goutez bien, de grace,
Ce raisonnement-cy, lequel est des plus forts:
Ainsi que la teste est comme le chef du corps,
Et que le corps sans chef est pire qu'une beste;
Si le chef n'est pas bien d'accord avec la teste,
Que tout ne soit pas bien reglé par le compas,
Nous voyons arriver de certains embarras;
La partie brutale alors veut prendre empire
Dessus la sensitive, & l'on voit que l'un tire
A dia, l'autre a hurhaut; l'un demande du moû,
L'autre du dur; enfin tout va sans sçavoir où:
Pour montrer qu'icy bas, ainsi qu'on l'interprete,
La teste d'une femme est comme la girouette
Au haut d'une maison, qui tourne au premier vent.
C'est pourquoy, le cousin Aristote souvent
La compare à la mer; d'où vient qu'on dit qu'au monde
On ne peut rien trouver de si stable que l'onde.
Or, par comparaison; car la comparaison
Nous fait distinctement comprendre une raison;
Et nous aymons bien mieux, nous autres gens d'étude,

Une comparaison qu'une similitude.
Par comparaison donc, mon maistre, s'il vous plaist,
Comme on voit que la mer, quand l'orage s'accroist,
Vient à se courroucer, le vent soufle, & ravage,
Les flots contre les flots font un remu-menage
Horrible, & le vaisseau, malgré le Nautonier,
Va tantost à la cave, & tantost au grenier;
Ainsi, quand une femme a sa teste fantasque,
On voit une tempeste en forme de bourasque,
Qui veut competiter par de certains..... propos;
Et lors un... certain vent, qui par... de certains flots
De... certaine façon, ainsi qu'un banc de sable....
Quand.... les femmes enfin ne valent pas le diable.

ERASTE.

C'est fort bien raisonner.

GROS-RENÉ.

Assez bien, Dieu mercy:
Mais je les voy, Monsieur, qui passent par icy.
Tenez-vous ferme au moins.

ERASTE.

Ne te mets pas en peine.

GROS-RENÉ.

J'ay bien peur que ses yeux resserrent vostre chaisne.

SCENE III.

ERASTE, LUCILE, MARINETTE, GROS-RENÉ.

MARINETTE.

JE l'aperçois encor; mais ne vous rendez point.

LUCILE.

Ne me soupçonne pas d'estre foible à ce point.

MARINETTE.

Il vient à nous.

ERASTE.

ERASTE.

Non, non; ne croyez pas, Madame,
Que je revienne encor vous parler de ma flame;
C'en est fait, je me veux guerir, & connois bien
Ce que de vostre cœur a possedé le mien.
Un courroux si constant pour l'ombre d'une offence
M'a trop bien éclairé de vostre indifference,
Et je dois vous monstrer que les traits du mépris
Sont sensibles sur tout aux genereux esprits,
Je l'avoûray, mes yeux observoient dans les vostres
Des charmes qu'ils n'ont point trouvez dans tous les autres,
Et le ravissement où j'estois de mes fers
Les auroit preferez à des sceptres offerts:
Oui, mon amour pour vous, sans doute, estoit extreme,
Je vivois tout en vous, &, je l'avoûray mesme,
Peut-estre qu'apres tout j'auray, quoy qu'outragé,
Assez de peine encore à m'en voir dégagé:
Possible, que, malgré la cure qu'elle essaye,
Mon ame saignera long-temps de cette playe,
Et qu'affranchy d'un joug qui faisoit tout mon bien,
Il faudra se resoudre à n'aymer jamais rien.
Mais, enfin, il n'emporte; &, puisque vostre haine
Chasse un cœur tant de fois que l'amour vous rameine,
C'est la derniere icy des importunitez
Que vous aurez jamais de mes vœux rebutez.

LUCILE.

Vous pouvez faire aux miens la grace toute entiere,
Monsieur, & m'épargner encor cette derniere.

ERASTE.

Hé bien, Madame, hé bien, ils seront satisfaits:
Je romps avecque vous, & j'y romps pour jamais,
Puisque vous le voulez; que je perde la vie
Lors que de vous parler je reprendray l'envie.

LUCILE.

Tant mieux ; c'eſt m'obliger.

ERASTE.

Non, non; n'ayez pas peur,
Que je fauſſe parole ; euſſay-je un foible cœur
Juſques à n'en pouvoir effacer voſtre image,
Croyez que vous n'aurez jamais cet avantage,
De me voir revenir.

LUCILE.

Ce ſeroit bien en vain.

ERASTE.

Moy meſme, de cent coups je percerois mon ſein,
Si j'avois jamais fait cette baſſeſſe inſigne,
De vous revoir, apres ce traitement indigne.

LUCILE.

Soit; n'en parlons donc plus.

ERASTE.

Oui, oui; n'en parlons plus:
Et, pour trancher icy tous propos ſuperflus,
Et vous donner, ingrate, une preuve certaine,
Que je veux ſans retour ſortir de voſtre chaiſne,
Je ne veux rien garder, qui puiſſe retracer
Ce que de mon eſprit il me faut effacer.
Voicy voſtre portrait, il preſente à la veuë
Cent charmes merveilleux dont vous eſtes pourveuë,
Mais il cache ſous eux cent deffauts auſſi grands,
Et c'eſt un impoſteur enfin que je vous rens.

GROS-RENÉ.

Bon.

LUCILE.

Et moy, pour vous ſuivre au deſſein de tout rendre;
Voila le diamant que vous m'aviez fait prendre.

MARINETTE.

Fort bien.

ERASTE.

Il eſt à vous encor ce bracelet.

LUCILE.

Et cette Agathe à vous, qu'on fit mettre en cachet.

ERASTE *lit.*

Vous m'aymez d'une amour extreme,
Eraste; & de mon cœur voulez estre éclaircy:
Si je n'ayme Eraste de mesme,
Au moins, aymay-je fort qu'Eraste m'ayme ainsi.

LUCILE.

ERASTE *continue.*

Vous m'asseuriez par là d'agréer mon service?
C'est une fausseté digne de ce supplice.

LUCILE *lit.*

J'ignore le destin de mon amour ardente,
Et jusqu'à quand je soufriray:
Mais je sçais, ô beauté charmante,
Que tousjours je vous aymeray.

ERASTE.

Elle continue.

Voila qui m'asseuroit à jamais de vos feux?
Et la main, & la lettre, ont menty toutes deux.

GROS-RENÉ.

Poussez.

ERASTE.

Elle est de vous? suffit; mesme fortune.

MARINETTE.

Ferme.

LUCILE.

J'aurois regret d'en épargner aucune.

GROS-RENÉ.

N'ayez pas le dernier.

MARINETTE.

Tenez-bon jusqu'au bout.

LUCILE.

Enfin, voila le reste.

ERASTE.

Et, grace au Ciel, c'est tout.

Que

Que soiś-je exterminé, si je ne tiens parole.

LUCILE.

Me confonde le Ciel, si la mienne est frivole.

ERASTE.

Adieu donc.

LUCILE.

Adieu donc.

MARINETTE.

Voila qui va des mieux.

GROS-RENE'.

Vous triomphez.

MARINETTE.

Allons, ostez-vous de ses yeux.

GROS-RENE'.

Retirez-vous, apres cet effort de courage.

MARINETTE.

Qu'attendez-vous encor ?

GROS-RENE'.

Que faut-il davantage ?

ERASTE.

Ha ! Lucile, Lucile, un cœur comme le mien
Se fera regreter, & je le sçay fort bien.

LUCILE.

Eraste, Eraste, un cœur fait comme est fait le vostre
Se peut facilement reparer par un autre.

ERASTE.

Non, non, cherchez par tout, vous n'en aurez jamais
De si passionné pour vous, je vous promets.
Je ne dis pas cela pour vous rendre attendrie;
J'aurois tort d'en former encore quelque envie ;
Mes plus ardens respects n'ont pû vous obliger,
Vous avez voulu rompre ; il n'y faut plus songer :
Mais personne apres moy, quoy qu'on vous fasse entendre,
N'aura jamais pour vous de passion si tendre.

LUCILE.

Quand on ayme les gens, on les traite autrement ;
On fait de leur personne un meilleur jugement.

ERASTE.

Quand on ayme les gens, on peut de jalousie,
Sur beaucoup d'apparence, avoir l'ame saisie :
Mais alors qu'on les ayme, on ne peut en effet
Se resoudre à les perdre, & vous vous l'avez fait.

LUCILE.

La pure jalousie est plus respectueuse.

ERASTE.

On voit d'un œil plus doux une offence amoureuse.

LUCILE.

Non, vostre cœur, Eraste, estoit mal-enflammé.

ERASTE.

Non, Lucile, jamais vous ne m'avez aymé.

LUCILE.

Eh! je croy que cela foiblement vous soucie :
Peut-estre en seroit-il beaucoup mieux pour ma vie,
Si je.... mais laissons-là ces discours superflus :
Je ne dis point quels sont mes pensers là-dessus.

ERASTE.

Pourquoy ?

LUCILE.

Par la raison que nous rompons ensemble,
Et que cela n'est plus de saison, ce me semble.

ERASTE.

Nous rompons ?

LUCILE.

Oui vrayment; quoy? n'en est-ce pas fait ?

ERASTE.

Et vous voyez cela d'un esprit satisfait ?

LUCILE.

Comme vous.

ERASTE.

Comme moy !

LUCILE.

Sans doute c'est foiblesse,
De faire voir aux gens que leur perte nous blesse.

ERASTE.

Mais, cruelle, c'est vous qui l'avez bien voulu.

LUCILE.

Moy! point du tout; c'est vous qui l'avez resolu.

ERASTE.

Moy ! je vous ay creu là faire un plaisir extreme.

LUCILE.

Point, vous avez voulu vous contenter vous mesme.

ERASTE.

Mais, si mon cœur encor revouloit sa prison ?
Si, tout fasché qu'il est, il demandoit pardon?....

LUCILE.

Non, non, n'en faites rien; ma foiblesse est trop grande,
J'aurois peur d'accorder trop tost vostre demande.

ERASTE.

Ha ! vous ne pouvez pas trop tost me l'accorder,
Ny moy sur cette peur trop tost le demander;
Consentez-y, Madame, une flame si belle
Doit pour vostre interest demeurer immortelle.
Je le demande enfin : me l'accorderez-vous
Ce pardon obligeant ?

LUCILE.

Remenez-moy chez nous.

SCENE IV.

MARINETTE, GROS-RENE'.

MARINETTE.

O! la lasche personne !

GROS-RENÉ.

Ha ! le foible courage !

MARINETTE.

J'en rougis de dépit.

GROS-RENÉ.

J'en suis gonflé de rage :
Ne t'imagine pas que je me rende ainsi.

MARINETTE.

Et ne pense pas, toy, trouver ta dupe aussi.

GROS-RENÉ.

Vien, vien, froter ton nez aupres de ma colere.

MARINETTE.

Tu nous prens pour un autre; & tu n'as pas affaire
A ma sotte maistresse. Ardez le beau museau ?
Pour nous donner envie encore de sa peau :
Moy, j'aurois de l'amour pour ta chienne de face !
Moy, je te chercherois! Ma foy, l'on t'en fricasse
Des filles comme nous.

GROS-RENÉ.

Oui? tu le prens par là ?
Tien, tien, sans y chercher tant de façons, voila
Ton beau galand de neige, avec ta nompareille :
Il n'aura plus l'honneur d'estre sur mon oreille.

MARINETTE.

Et toy, pour te monstrer que tu m'es à mépris,
Voila ton demy-cent d'épingles de Paris,
Que tu me donnas hier avec tant de fanfarre.

GROS-RENÉ.

Tiens encor ton cousteau; la piece est riche & rare:
Il te cousta six blancs lors que tu m'en fis don.

MARINETTE.

Tien tes ciseaux, avec ta chaisne de leton.

GROS-RENÉ.

J'oubliois d'avant-hier ton morceau de fromage;
Tien : je voudrois pouvoir rejetter le potage
Que tu me fis manger, pour n'avoir rien à toy.

MARINETTE.

Je n'ay point maintenant de tes lettres ſur moy ;
Mais j'en feray du feu juſques à la derniere.

GROS-RENE'.

Et des tiennes tu ſçais ce que j'en ſçauray faire !

MARINETTE.

Prend garde à ne venir jamais me reprier.

GROS-RENE'.

Pour couper tout chemin à nous rapatrier,
Il faut rompre la paille ; Une paille rompuë
Rend, entre gens d'honneur, une affaire concluë,
Ne fay point les doux yeux ; je veux eſtre faſché.

MARINETTE.

Ne me lorgne point, toy ; j'ay l'eſprit trop touché.

GROS-RENE'.

Romps; voila le moyen de ne s'en plus dédire :
Romps; tu ris, bonne beſte !

MARINETTE.

Oui, car tu me fais rire.

GROS-RENE'.

La peſte ſoit ton ris; voila tout mon courroux
Déja dulcifié : qu'en dis-tu ? romprons nous ?
Ou ne romprons nous pas ?

MARINETTE.

Voy.

GROS-RENE'.

Voy toy.

MARINETTE.

Voy toy-meſme.

GROS-RENE'.

Eſt-ce que tu conſens que jamais je ne t'ayme ?

MARINETTE.

Moy ? ce que tu voudras.

GROS-RENE'.

Ce que tu voudras, toy.
Dy...

MARINETTE.

Je ne diray rien.

GROS-RENE'.

Ny moy non plus.

MARINETTE.

Ny moy.

GROS-RENE'.

Ma foy, nous ferons mieux de quitter la grimace ;
Touche, je te pardonne.

MARINETTE.

Et moy je te fais grace.

GROS-RENE'.

Mon Dieu ! qu'à tes appas je ſuis acoquiné !

MARINETTE.

Que Marinette eſt ſotte apres ſon Gros-René !

Fin du quatriéme Acte.

ACTE V.

SCENE I.

MASCARILLE.

DEz que l'obscurité regnera dans la ville,
Je me veux introduire au logis de Lucile :
Va viste de ce pas preparer pour tantost,
Et la lanterne sourde, & les armes qu'il faut.
Quand il m'a dit ces mots, il m'a semblé d'entendre,
Va vistement chercher un licou pour te pendre.
Venez-ça, mon patron, car, dans l'étonnement
Où m'a jetté d'abord un tel commandement,
Je n'ay pas eu le temps de vous pouvoir répondre ;
Mais je vous veux icy parler, & vous confondre :
Deffendez-vous donc bien, & raisonnons sans bruit.
Vous voulez, dites-vous, aller voir cette nuit
Lucile? oui, Mascarille. Et que pensez-vous faire?
Une action d'amant qui se veut satisfaire,
Une action d'un homme à fort petit cerveau,
Que d'aller sans besoin risquer ainsi sa peau :
Mais tu sçais quel motif à ce dessein m'apelle ;
Lucile est irritée. Et bien, tant pis pour elle.
Mais l'amour veut que j'aille appaiser son esprit.
Mais l'amour est un sot qui ne sçait ce qu'il dit :
Nous garantira-t-il cet amour, je vous prie,
D'un rival, ou d'un pere, ou d'un frere en furie ?
Penses-tu qu'aucun d'eux songe à nous faire mal ?
Oui vrayment, je le pense ; & sur tout, ce rival.
Mascarille, en tout cas, l'espoir où je me fonde,
Nous irons bien armez, & si quelqu'un nous gronde,

Nous nous chamaillerons. Oui, voila justement
Ce que vostre valet ne pretend nullement :
Moy chamailler! bon Dieu! suis-je un Roland? mon Maistre,
Ou quelque Ferragus ? c'est fort mal me connoistre,
Quand je viens à songer, moy qui me suis si cher,
Qu'il ne faut que deux doits d'un miserable fer
Dans le corps, pour vous mettre un humain dans la bierre,
Je suis sçandalisé d'une étrange maniere.
Mais tu seras armé de pied-en-cap. Tant pis;
J'en seray moins leger à gagner le taillis :
Et de plus, il n'est point d'armure si bien jointe,
Où ne puisse glisser une vilaine pointe.
Oh ! tu seras ainsi tenu pour un poltron.
Soit: pourveu que tousjours je branle le menton :
A table contez-moy, si vous voulez, pour quatre;
Mais contez-moy pour rien, s'il s'agit de se battre :
Enfin, si l'autre monde a des charmes pour vous,
Pour moy, je trouve l'air de celuy-cy fort doux :
Je n'ay pas grande faim de mort ny de blessure,
Et vous ferez le sot tout seul, je vous assure.

SCENE II.

VALERE, MASCARILLE.

VALERE.

JE n'ay jamais trouvé de jour plus ennuyeux :
Le soleil semble s'estre oublié dans les Cieux,
Et jusqu'au lit qui doit recevoir sa lumiere,
Je voy rester encore une telle carriere,
Que je croy que jamais il ne l'achevera,
Et que de sa lenteur mon ame enragera.

MASCARILLE.

Et cet empressement pour s'en aller dans l'ombre,

Pescher

Pescher viste à tastons quelque sinistre encombre....
Vous voyez que Lucile entiere en ses rebuts....

VALERE.

Ne me fay point icy de contes superflus.
Quand j'y devrois trouver cent embûches mortelles,
Je sens de son couroux des gesnes trop cruelles;
Et je veux l'adoucir, ou terminer mon sort.
C'est un point resolu.

MASCARILLE.

J'approuve ce transport :
Mais le mal est, Monsieur, qu'il faudra s'introduire
En cachette.

VALERE.

Fort bien.

MASCARILLE.

Et j'ay peur de vous nuire.

VALERE.

Et comment ?

MASCARILLE.

Une toux me tourmente à mourir,
Dont le bruit importun vous fera descouvrir :
De moment en moment.... Vous voyez le supplice.

VALERE.

Ce mal te passera; pren du jus de reglisse.

MASCARILLE.

Je ne croy, pas, Monsieur, qu'il se veuille passer.
Je serois ravy moy de ne vous point laisser;
Mais j'aurois un regret mortel, si j'estois cause
Qu'il fut à mon cher maistre arrivé quelque chose.

SCENE III.

VALERE, LA RAPIERE, MASCARILLE.

LA RAPIERE.

Monsieur, de bonne part je viens d'estre informé,
Qu'Eraste est contre vous fortement animé ;
Et qu'Albert parle aussi de faire pour sa fille
Roüer jambes & bras à vostre Mascarille.

MASCARILLE.

Moy; je ne suis pour rien dans tout cét embarras.
Qu'ay-je fait? pour me voir roüer jambes & bras ?
Suis-je donc gardien, pour employer ce stile ,
De la Virginité des filles de la ville ?
Sur la tentation ay-je quelque credit ?
Et puis-je mais, chetif, si le cœur leur en dit ?

VALERE.

O! qu'ils ne seront pas si meschans qu'ils le disent !
Et quelque belle ardeur que ses feux luy produisent,
Eraste n'aura pas si bon marché de nous.

LA RAPIERE.

S'il vous faisoit besoin, mon bras est tout à vous.
Vous sçavez de tout temps que je suis un bon frere.

VALERE.

Je vous suis obligé , Monsieur de la Rapiere.

LA RAPIERE.

J'ay deux amis aussi que je vous puis donner ,
Qui contre tous venans sont gens à dégainer ,
Et sur qui vous pourrez prendre toute asseurance.

MASCARILLE.

Acceptez-les , Monsieur.

VALERE.

C'est trop de complaisance.

LA RAPIERE.

Le petit Gille encor eust pû nous assister,
Sans le triste accident qui vient de nous l'oster.
Monsieur, le grand dommage! & l'homme de service!
Vous avez sceu le tour que luy fit la Justice ?
Il mourut en Cesar, & luy cassanr les os
Le boureau ne luy pût faire lascher deux mots.

VALERE.

Monsieur de la Rapiere, un homme de la sorte
Doit estre regreté; mais, quant à vostre escorte,
Je vous rend grace.

LA RAPIERE.

Soit; mais soyez averty
Qu'il vous cherche, & vous peut faire un mauvais party.

VALERE.

Et moy, pour vous montrer combien je l'apprehende
Je luy veux, s'il me cherche, offrir ce qu'il demande
Et par toute la ville aller presentement,
Sans estre accompagné que de luy seulement.

LA RAPIERE.

Quoy! Monsieur, vous voulez tenter Dieu! quelle audace!
Las! vous voyez tous deux comme l'on vous menace,
Combien de tous costez....

VALERE.

Que regardes-tu là ?

MASCARILLE.

C'est qu'il sent le baston du costé que voila.
Enfin, si maintenant ma prudence en est creuë,
Ne nous obstinons point à rester dans la ruë :
Allons nous renfermer.

VALERE.

Nous renfermer! faquin;
Tu m'oses proposer un acte de coquin!
Sus, sans plus de discours, resous toy de me suivre.

MASCARILLE.

Eh ! Monsieur, mon cher maistre, il est si doux de vivre !
On ne meurt qu'une fois,& c'est pour si long temps!

VALERE.

Je m'en vais t'assommer de coups, si je t'entens.
Ascagne vient icy; laissons-le; il faut attendre
Quel party de luy-mesme il resoudra de prendre.
Cependant avec moy vien prendre à la maison
Pour nous frotter.

MASCARILLE.

Je n'ay nulle demangeaison.
Que maudit soit l'amour, & les filles maudites,
Qui veulent en taster, puis font les chatemites.

SCENE IV.

ASCAGNE, FROSINE.

ASCAGNE.

EST-il bien vray, Frosine? & ne resvay-je point ?
De grace, contez-moy bien tout de point en point.

FROSINE.

Vous en sçaurez assez le détail ; laissez faire :
Ces sortes d'incidens ne sont pour l'ordinaire
Que redits trop de fois de moment en moment.
Suffit que vous sçachiez, qu'apres ce testament
Qui vouloit un garçon pour tenir sa promesse,
De la femme d'Albert la derniere grossesse
N'accoucha que de vous, & que luy dessous main
Ayant depuis long-temps concerté son dessein,
Fit son fils de celuy d'Ignés la bouquetiere,
Qui vous donna pour sienne à nourrir à ma mere.
La mort ayant ravy ce petit innocent
Quelque dix mois apres, Albert estant absent,

La

La crainte d'un Epoux, & l'amour maternelle,
Firent l'evenement d'une ruse nouvelle.
Sa femme en secret lors se rendit son vray sang;
Vous devintes celuy qui tenoit vostre rang,
Et la mort de ce fils mis dans vostre famille
Se couvrit pour Albert de celle de sa fille.
Voila de vostre sort un mistere éclaircy,
Que vostre feinte mere a caché jusqu'icy.
Elle en dit des raisons, & peut en avoir d'autres,
Par qui ses interests n'estoient pas tous les vostres.
Enfin cette visite où j'esperois si peu,
Plus qu'on ne pouvoit croire, a servy vostre feu.
Cette Ignés vous relasche; & par vostre autre affaire
L'eclat de son secret devenu necessaire,
Nous en avons nous deux vostre pere informé:
Un billet de sa femme a le tout confirmé,
Et poussant plus avant encore nostre pointe,
Quelque peu de fortune à nostre adresse jointe,
Aux interests d'Albert, de Polidore apres,
Nous avons ajusté si bien les interests,
Si doucement à luy déplié ces misteres,
Pour n'effaroucher pas d'abord trop les affaires,
Enfin, pour dire tout, mené si prudemment
Son esprit pas à pas à l'accommodement,
Qu'autant que vostre pere il monstre de tendresse
A confirmer les nœuds qui font vostre allegresse.

ASCAGNE.

Ha! Frosine, la joye où vous m'acheminez!....
Et que ne dois-je point à vos soins fortunez!

FROSINE.

Au reste, le bon homme est en humeur de rire,
Et pour son fils encor nous deffend de rien dire.

SCENE V.

ASCAGNE, FROSINE, POLIDORE.

POLIDORE.

APprochez vous, ma fille, un tel nom m'eſt permis;
Et j'ay ſceu le ſecret que cachoient ces habits.
Vous avez fait un trait, qui dans ſa hardieſſe
Fait briller tant d'eſprit & tant de gentilleſſe,
Que je vous en excuſe, & tiens mon fils heureux,
Quand il ſçaura l'objet de ſes ſoins amoureux.
Vous valez tout un monde; & c'eſt moy qui l'aſſure.
Mais le voicy; prenons plaiſir de l'avanture.
Allez faire venir tous vos gens promptement.

ASCAGNE.

Vous obeïr ſera mon premier compliment.

SCENE VI.

MASCARILLE, POLIDORE, VALERE.

MASCARILLE.

LEs diſgraces ſouvent ſont du Ciel revelées:
J'ay ſongé cette nuit de perles défilées,
Et d'œufs caſſez, Monſieur, un tel ſonge m'abbat.

VALERE.

Chien de poltron!

POLIDORE.

Valere, il s'apreſte un combat,
Où toute ta valeur te ſera neceſſaire.
Tu vas avoir en teſte un puiſſant adverſaire.

MASCARILLE.

Et perſonne, Monſieur, qui ſe veuille bouger
Pour retenir des gens qui ſe vont égorger:

Pour

Pour moy je le veux bien; mais, au moins, s'il arrive
Qu'un funeste accident de vostre fils vous prive,
Ne m'en accusez point.

POLIDORE.

Non, non, en cet endroit
Je le pousse moy mesme à faire ce qu'il doit.

MASCARILLE.

Pere dénaturé!

VALERE.

Ce sentiment, mon pere,
Est d'un homme de cœur; & je vous en revere.
J'ay deu vous offencer, & je suis criminel
D'avoir fait tout cecy sans l'aveu paternel;
Mais, à quelque dépit que ma faute vous porte,
La nature tousjours se montre la plus forte;
Et vostre honneur fait bien, quand il ne veut pas voir
Que le transport d'Eraste ait dequoy m'émouvoir.

POLIDORE.

On me faisoit tantost redouter sa menace;
Mais les choses depuis ont bien changé de face;
Et, sans le pouvoir fuir, d'un ennemy plus fort
Tu vas estre attaqué.

MASCARILLE.

Point de moyen d'accord?

VALERE.

Moy! le fuir! Dieu m'en garde. Et qui donc pourroit-ce estre?

POLIDORE.

Ascagne.

VALERE.

Ascagne?

POLIDORE.

Oui; tu le vas voir paroistre.

VALERE.

Luy, qui de me servir m'avoit donné sa foy!

POLIDORE.

Oui, c'est luy qui pretend avoir affaire à toy ;
Et qui veut, dans le champ où l'honneur vous appelle,
Qu'un combat seul à seul vuide vostre querelle.

MASCARILLE.

C'est un brave homme ; Il sçait que les cœurs genereux
Ne mettent point les gens en compromis pour eux.

POLIDORE.

Enfin d'une imposture ils te rendent coupable,
Dont le ressentiment m'a paru raisonnable ;
Si bien qu'Albert & moy sommes tombez d'acord,
Que tu satisferois Ascagne sur ce tort.
Mais aux yeux d'un chacun, & sans nulles remises,
Dans les formalitez en pareil cas requises.

VALERE.

Et Lucile, mon pere, a d'un cœur endurcy !....

POLIDORE.

Lucile espouse Eraste, & te condamne aussi :
Et, pour convaincre mieux tes discours d'injustice,
Veut qu'à tes propres yeux cét hymen s'accomplisse.

VALERE.

Ha! c'est une impudence à me mettre en fureur :
Elle a donc perdu sens, foy, conscience, honneur?

SCENE VII.

MASCARILLE, LUCILE, ERASTE, POLIDORE, ALBERT, VALERE.

ALBERT.

HE' bien? les combattans? on ameine le nostre.
Avez-vous disposé le courage du vostre ?

VALERE.

Oui, oui; me voila preſt, puiſqu'on m'y veut forcer;
Et, ſi j'ay pû trouver ſujet de balancer,
Un reſte de reſpect en pouvoit eſtre cauſe,
Et non pas la valeur du bras que l'on m'oppoſe.
Mais c'eſt trop me pouſſer, ce reſpect eſt à bout;
A toute extremité mon eſprit ſe reſout,
Et l'on fait voir un trait de perfidie étrange,
Dont il faut hautement que mon amour ſe vange.
Non pas que cét amour pretende encore à vous;
Tout ſon feu ſe reſout en ardeur de courroux,
Et quand j'auray rendu voſtre honte publique,
Voſtre coupable hymen n'aura rien qui me pique.
Allez, ce procedé, Lucile, eſt odieux:
A peine en puiſ-je croire au rapport de mes yeux;
C'eſt de toute pudeur ſe montrer ennemie:
Et vous devriez mourir d'une telle infamie.

LUCILE.

Un ſemblable diſcours me pourroit affliger,
Si je n'avois en main qui m'en ſçaura vanger.
Voicy venir Aſcagne, il aura l'avantage
De vous faire changer bien viſte de langage,
Et ſans beaucoup d'effort.

SCENE VIII.

MASCARILLE, LUCILE, ERASTE, ALBERT, VALERE, GROS-RENE, MARINETTE, ASCAGNE, FROSINE, POLIDORE.

VALERE.

Il ne le fera pas,
Quand il joindroit au ſien encor vingt autres bras.
Je le plains de deffendre une ſœur criminelle:

Mais,

Mais, puisque son erreur me veut faire querelle,
Nous le satisferons, & vous, mon brave, aussi.

ERASTE.

Je prenois interest tantost à tout cecy;
Mais enfin, comme Ascagne a pris sur luy l'affaire,
Je ne veux plus en prendre, & je le laisse faire.

VALERE.

C'est bien fait: la prudence est tousjours de saison:
Mais....

ERASTE.

Il sçaura pour tous vous mettre à la raison.

VALERE.

Luy?

POLIDORE.

Ne t'y trompe pas: tu ne sçais pas encore
Quel estrange garçon est Ascagne.

ALBERT.

Il l'ignore:
Mais il pourra dans peu le luy faire sçavoir.

VALERE.

Sus donc que maintenant il me le fasse voir.

MARINETTE.

Aux yeux de tous?

GROSRENE'.

Cela ne seroit pas honneste.

VALERE.

Se moque-t-on de moy? je casseray la teste
A quelqu'un des rieurs. Enfin, voyons l'effet.

ASCAGNE.

Non, non, je ne suis pas si meschant qu'on me fait:
Et, dans cette avanture où chacun m'interesse,
Vous allez voir plustost éclater ma foiblesse,
Connoistre que le Ciel qui dispose de nous
Ne me fit pas un cœur pour tenir contre vous,
Et qu'il vous reservoit pour victoire facile,
De finir le destin du frere de Lucile.

Oui, bien loin de vanter le pouvoir de mon bras,
Ascagne va par vous recevoir le trépas :
Mais il veut bien mourir, si sa mort necessaire
Peut avoir maintenant dequoy vous satisfaire,
En vous donnant pour femme en presence de tous
Celle qui justement ne peut estre qu'à vous.

VALERE.

Non, quand toute la terre apres sa perfidie,
Et les traits effrontez...

ASCAGNE.

Ah ! souffrez que je die,
Valere, que le cœur qui vous est engagé,
D'aucun crime envers vous ne peut-estre chargé:
Sa flame est tousjours pure, & sa constance extréme;
Et j'en prens à temoin vostre pere luy-mesme.

POLIDORE.

Oui, mon fils, c'est assez rire de ta fureur,
Et je voy qu'il est temps de te tirer d'erreur.
Celle à qui par serment ton ame est attachée,
Sous l'habit que tu vois à tes yeux est cachée;
Un interest de bien dês ses plus jeunes ans
Fit ce déguisement qui trompe tant de gens;
Et depuis peu l'amour en a sçu faire un autre,
Qui t'abusa joignant leur famille à la nostre.
Ne va point regarder à tout le monde aux yeux;
Je te fais maintenant un discours serieux :
Oui, c'est elle, en un mot, dont l'adresse subtile
La nuit receut ta foy sous le nom de Lucile,
Et qui par ce ressort qu'on ne comprenoit pas,
A semé parmy vous un si grand embarras.
Mais puis qu'Ascagne icy fait place à Dorothée,
Il faut voir de vos feux toute imposture ostée,
Et qu'un nœud plus sacré donne force au premier.

ALBERT.

Et c'est là justement ce combat singulier,
Qui devoit envers nous reparer vostre offence,

Et pour qui les Edits n'ont point fait de deffence.

POLIDORE.

Un tel évenement rend tes esprits confus ;
Mais en vain tu voudrois balancer là-dessus.

VALERE.

Non, non; je ne veux pas songer à m'en deffendre ;
Et, si cette avanture a lieu de me surprendre,
La surprise me fiate & je me sens saisir
De merveille à la fois, d'amour, & de plaisir,
Se peut-il que ces yeux ?....

ALBERT.

Cet habit, cher Valere,
Souffre mal les discours que vous luy pourriés faire.
Allons luy faire en prendre un autre; & cependant
Vous sçaurez le détail de tout cet incident.

VALERE.

Vous, Lucile, pardon, si mon ame abusée..

LUCILE.

L'oubly de cette injure est une chose aisée.

ALBERT.

Allons, ce compliment se fera bien chez nous,
Et nous aurons loisir de nous en faire tous.

ERASTE.

Mais, vous ne songez pas en tenant ce langage,
Qu'il reste encor icy des sujets de carnage :
Voila bien à tous deux nostre amour couronné,
Mais de son Mascarille, & de mon Gros-René,
Par qui doit Marinette estre icy possedée ?
Il faut que par le sang l'affaire soit vuidée.

MASCARILLE.

Nenny, nenny, mon sang dans mon corps sied trop bien :
Qu'il l'epouse en repos, cela ne me fait rien.
De l'humeur que je sçay la chere Marinette,
L'hymen ne ferme pas la porte à la fleurette.

MARINETTE.

Et tu crois que de toy je ferois mon galand ?
Un mary, passe encor ; tel qu'il est, on le prend ;
On n'y va pas chercher tant de ceremonie :
Mais il faut qu'un galand soit fait à faire envie.

GROS-RENÉ.

Escoute, quand l'hymen aura joint nos deux peaux,
Je pretens qu'on soit sourde à tous les Damoiseaux.

MASCARILLE.

Tu crois te marier pour toy tout seul, compere ?

GROS-RENÉ.

Bien entendu, je veux une femme severe :
Ou je feray beau bruit.

MASCARILLE.

Eh ! mon Dieu, tu feras
Comme les autres font : & tu t'adouciras.
Ces gens avant l'hymen si fascheux & critiques
Degenerent souvent en maris pacifiques.

MARINETTE.

Va, va, petit mary: ne crain rien de ma foy :
Les douceurs ne feront que blanchir contre moy ;
Et je te diray tout.

MASCARILLE.

Oh ! las ! fine pratique !
Un mary confident !...

MARINETTE.

Taisez-vous, as de pique.

ALBERT.

Pour la troisiéme fois, allons nous en chez nous
Poursuivre en liberté des entretiens si doux.

FIN.

www.ingramcontent.com/pod-product-compliance
Lightning Source LLC
LaVergne TN
LVHW012351220826
846092LV00002B/510

* 9 7 8 2 3 2 9 7 3 1 9 3 3 *